施設ケアマネ実務 Q&A

ケアマネジメント
プロセス・施設別の知識・チームケア

監修
一般社団法人
神奈川県
介護支援専門員協会

 スキル 面接力

 スキル 質問力

 スキル 分析力

 ルール 運営基準

 ルール 人員基準

 ルール 算定基準

 定義

 記載

 BEST! 最適解

 連携

 考え方

中央法規

はじめに

　本書『施設ケアマネ実務Q&A』は、施設ケアマネジャーとして日々利用者と向き合い、課題解決に取り組む皆さまの実務に寄り添う一冊となることを目指しました。

　ケアマネジャーの業務は多岐にわたり、その内容は利用者や家族、さらには地域のニーズに応じて刻一刻と変化していきます。「あの制度の適用範囲はどこまでだったかな？」「計画の内容をどのように記載すればよいのか？」といった疑問に加え、複雑化する社会背景や介護保険制度の改正などにより、ケアマネジャーが直面する課題は年々増え続けています。本書はそうした疑問や課題に対して、具体的な解決策や実務で役立つヒントを提供することを目的としています。

　現代のケアマネジャーには、介護や医療の知識だけでなく、福祉、心理、法律、さらには地域社会の動向やテクノロジーに関する幅広い知識が求められるようになりました。特に少子高齢化が進む日本社会においては、利用者一人ひとりが抱える生活課題は複雑化しており、それに応じた柔軟かつ効果的な対応が必要となってきます。また、家族の介護力が低下してきているなかで、地域全体で利用者を支えるという視点がこれまで以上に重要視されるようになっています。さらに、業務のICT化が進む昨今、AIやデータベースの活用は日常業務に欠かせない要素となっており、従来以上に効率的かつ根拠に基づいた支援が求められています。こうした環境のなかで、利用者に最適な支援を提供するためには、ケアマネジャー自身の継続的な学びと実践の積み重ねが欠かせません。

　しかし、ケアマネジャーにとっては、多忙な日々を送るなかで、新たな知識を得たり、制度や技術の変化に対応したりすることは簡単なことではありません。本書は、現場のケアマネジャーが必要な

情報を効率的に習得できるよう、Q&A形式でわかりやすくまとめました。この形式により、具体的な課題に対して迅速かつ的確に解決策を見出せる構成となっています。

　本書は、ケアマネジャーが直面しやすい実務上の課題や、最新の制度・技術に関する情報を網羅し、現場で直ちに活かせる具体的なスキルの習得を支援する内容となっています。執筆にあたっては、現場で活躍するケアマネジャーの皆さまから寄せられた意見や質問をもとに、実務に即したテーマを厳選しました。例えば、近年注目されている「マイナンバー制度」や「意思決定支援のポイント」、「多職種連携を円滑に進めるための工夫」など、現場で求められるテーマを幅広く取り上げています。また、「多様化する利用者のニーズにどう応えるべきか」「法的なトラブルを未然に防ぐためのポイント」「効率的に業務を進めるためのICTの活用方法」など、具体的な課題を解決するための実践的な知識やノウハウも掲載しています。さらに、図表を用いた視覚的な解説により、忙しい現場でもスムーズに活用できるよう工夫しました。本書が、多くのケアマネジャーにとって、自信をもって業務に取り組むための心強いパートナーとなることを願っています。

　本書のもう一つの重要な役割は、ケアマネジャー同士の情報共有や連携を促進する点にあります。日々の業務で生じる課題やその解決策を共有することは、新たな視点やアイデアを得るきっかけとなり、現場の課題解決や業務効率化につながります。ケアマネジャー同士が互いに学び合い連携を深めることにより、介護サービスの質が向上することを期待しています。また、多職種との連携がよりスムーズになることで、地域包括ケアシステムの実現に向けた新たな可能性が広がるでしょう。

最後に、本書の作成にあたり、多大なるご協力をいただいた中央法規出版株式会社の編集担当者の皆さま、貴重な意見を寄せてくださったケアマネジャーの皆さま、そして執筆を担当された実務者の皆さまに心より感謝申し上げます。本書が、日々の業務で生じる疑問を解消し、新たな学びや発見を得るきっかけとなることを心より願っています。そして何より、現場で利用者に寄り添いながら支援を続ける皆さまの力強い後押しとなることを信じています。

令和7年2月

一般社団法人神奈川県介護支援専門員協会
理事長　諏訪部弘之

はじめに

第1章 施設ケアマネジメント 総論編

施設ケアマネ

- Q1 施設ケアマネとは？ … 002
- Q2 施設ケアマネが働く施設 … 003
- Q3 施設ケアマネが守るべきこと … 003
- Q4 ケアマネジメントプロセス … 004

インテーク

- Q5 初回訪問でやるべきこと … 006
- Q6 耳が遠い利用者への対応 … 007
- Q7 説明中に本人、家族が飽きてしまうとき … 007
- Q8 利用者や家族の様子 … 008
- Q9 会話が続かないとき … 009
- Q10 話題を元に戻すとき … 009
- Q11 インテークで説明する順番 … 010
- Q12 個人情報使用同意書 … 011
- Q13 新規入所者の面談 … 012
- Q14 認定調査や主治医意見書 … 012
- Q15 入所前に収集すべき情報 … 013
- Q16 入所前や契約時の注意点 … 017
- Q17 負担限度額認定証 … 018

3 アセスメント

Q18 事前情報とアセスメント…019
Q19 最低限聞き取るべき情報…020
Q20 家族関係の確認…021
Q21 話がズレてしまったら…022
Q22 利用者の意向の確認…023
Q23 情報収集とアセスメントの違い…024
Q24 課題整理総括表の作成…025
Q25 認知症のある利用者の意向確認…025
Q26 アセスメント様式の選択…026
Q27 顕在ニーズと潜在ニーズ…026
Q28 アセスメントの持ち物…027
Q29 認知症のある利用者のニーズ…028
Q30 再アセスメントの必要性…028
Q31 ニーズの抽出方法…029
Q32 適切なケアマネジメント手法…030

4 ケアプラン

Q33 介護認定審査会の意見及びサービスの種類の指定…031
Q34 家族や医師の緊急連絡先…032
Q35 短期目標と長期目標の期間…032
Q36 認定の有効期間…034
Q37 インフォーマルサポート…035
Q38 ボランティアや民生委員…036
Q39 ケアプランの原案と確定ケアプラン…036
Q40 署名等について…037
Q41 ケアプランの作成日とは…038
Q42 ケアプランの作成日とサービス担当者会議開催日…039
Q43 ケアプランに署名等をもらう日付…039
Q44 ケアプランの説明・同意日…040
Q45 署名は、利用者本人でないといけないか…041
Q46 安心・安全という記載を避ける理由…042
Q47 目標の達成期間…043
Q48 認定前のケアプラン作成について…043
Q49 ケアプランの軽微変更…044
Q50 サービス担当者への情報共有…045

Q51 利用者と家族の意向が違うとき … 046
Q52 サービス内容の記載 … 046
Q53 訪問看護を導入するポイント … 047
Q54 ニーズの優先順位 … 047
Q55 利用者本人が行っていること … 048
Q56 居宅療養管理指導のケアプランへの位置づけ … 050
Q57 家族の意向が強い場合 … 050
Q58 施設入所者のその人らしい生活 … 051
Q59 利用者本位と人員の問題 … 052
Q60 施設職員へのケアプランの周知 … 052
Q61 施設サービス計画書のサービス内容 … 053
Q62 意向の記載について … 054
Q63 認知症があり意向を表明できない場合 … 054
Q64 意思疎通ができない人のニーズ … 055
Q65 入浴とケアプラン … 056
Q66 食事形態が変わったとき … 056
Q67 ケアプラン管理表 … 057
Q68 看取り期にある人のケアプラン … 057
Q69 栄養ケア計画書、機能訓練計画書、
施設サービス計画書 … 058
Q70 褥瘡ケア計画書の更新 … 058
Q71 看取りケア(同意取り交わし)の更新頻度 … 059
Q72 加算の算定の記載 … 060
Q73 短期入所のケアプラン … 061
Q74 入所日のケアプラン … 061
Q75 退院時点のケアプラン … 062
Q76 施設サービス計画書の書式 … 062

5 サービス担当者会議

Q77 サービス事業者の参加について …064

Q78 ケアプラン原案の事前送付 …065

Q79 サービス担当者会議の後日開催 …065

Q80 サービス担当者会議への医師の参加 …066

Q81 ケアプランに位置づけた事業者の参加 …066

Q82 サービス担当者会議に家族が不参加の場合 …067

Q83 頻度が少ないサービス事業者の参加 …068

Q84 インフォーマルサポートの
サービス担当者会議への出席 …068

Q85 サービス担当者会議の要点の記載 …069

Q86 サービス担当者会議の参加者から意見が出ない場合 …070

Q87 介護職の発言を促す …071

Q88 サービス担当者会議に人を出せないと言われた場合 …071

Q89 意思疎通ができない利用者の参加 …072

Q90 サービス担当者会議の議題 …073

Q91 サービス担当者会議における写真や動画の使用 …073

Q92 サービス担当者会議への医師の参加や意見聴取 …074

Q93 施設内の部門間での意見の違い …074

6 モニタリング

Q94 利用者の状態に変化がない場合のモニタリング …076

Q95 利用者から口止めされた場合 …076

Q96 毎回同じことを何度も話す利用者 …077

Q97 モニタリングで確認すること …077

Q98 モニタリングと再アセスメントの違い …078

Q99 利用者の状態に変化がない場合の記載方法 …078

Q100 利用者・家族の真意が聞けないとき …079

Q101 モニタリングの適切な頻度 …079

第2章 施設ケアマネジメント 各論編

1 介護老人福祉施設（特別養護老人ホーム）

- **Q102** 施設における個別性の実現…082
- **Q103** 施設ケアマネの役割・業務の理解…083
- **Q104** 身体的拘束をしなければいけないとき…084
- **Q105** 身寄りのない人の入所受け入れ…085
- **Q106** 具体的な目標がなく、評価もできていない場合…086
- **Q107** 人手不足で入所者の意向に沿えない…087
- **Q108** 重度の認知症の入所者のBPSD…087
- **Q109** ターミナルケアはいつまで続けていくべきか…088
- **Q110** 外部の主治医のサービス担当者会議への出席…089
- **Q111** 「できるだけ現場に入ってほしい」という要求…090
- **Q112** 意思疎通が困難な人のケアプラン…090
- **Q113** 施設内での情報共有…091
- **Q114** 要介護認定更新時の主治医意見書…091
- **Q115** 負担限度額認定証の負担割合…092
- **Q116** 要介護認定更新時の工夫…094

2 介護老人保健施設

- **Q117** 介護老人保健施設のアセスメントツール…095
- **Q118** あまり面会に来ない家族…096
- **Q119** 過大な要求をする家族への対応…097
- **Q120** 介護老人保健施設での連携のコツ…098

3 有料老人ホーム・特定施設（サ高住）

Q121 認定調査で「自立」と認定された後の
施設利用継続 … 100
Q122 本人の意向と施設側の意向 … 101
Q123 生活相談員や管理者による家族対応 … 102
Q124 ケアマネジャーが選んだ事業所の位置づけ … 103
Q125 有料老人ホーム・特定施設が用意する
福祉用具・備品 … 104

4 認知症対応型共同生活介護（グループホーム）

Q126 重度の認知症利用者のセルフケア … 106
Q127 人員不足で外出や行事、アクティビティが
難しい場合 … 107
Q128 規模の小さなグループホームでの
研修参加の費用補助 … 107
Q129 夜間に活発化する重度の認知症利用者への対応 … 108
Q130 イベント等の取り組み … 109
Q131 グループホームでの訪問看護の利用 … 110
Q132 医療保険の訪問看護へのケアプラン送付 … 111

5 書類作成業務

Q133 保険証や負担割合証のコピー … 112
Q134 入院時情報提供書の本人や家族の同意 … 112
Q135 押印ではなく、サインでも大丈夫か？ … 113
Q136 代筆できる人がいなかった場合の代筆 … 114
Q137 マイナンバーの扱い … 114
Q138 主治医への訪問看護指示書の依頼 … 115
Q139 国保連への請求間違い … 116
Q140 月の途中からの要介護状態区分の変更と請求 … 118
Q141 認定のタイミングと請求 … 118
Q142 端数の計算 … 119
Q143 利用者の住所地と事業所の所在地が異なる場合 … 120

6 記録業務

Q144 サービス担当者会議の記録の交付 … 121
Q145 支援経過の書き方 … 122
Q146 支援経過記録とモニタリング記録の違い … 123
Q147 記録の保存について … 124

7 チームケア

Q148 医師や看護師への伝え方 … 126
Q149 主治医との付き合い方 … 127
Q150 嚥下障害の場合の多職種へのつなぎ方 … 127
Q151 PTとOTの違い … 128
Q152 居宅療養管理指導を行う職種 … 129
Q153 家族と主治医の意見調整 … 129
Q154 STの担う役割 … 130
Q155 社会福祉法人等による利用者負担額軽減制度 … 130
Q156 生活保護について … 131
Q157 主治医意見書の作成費用 … 131
Q158 低所得者や生活保護受給者の施設入居・入所 … 131
Q159 障害者手帳の取得 … 134

8 本人の意向・家族対応

Q160 まったく面会に来ない家族への対応 … 136
Q161 ケアプランの郵送と署名 … 137
Q162 認知症のある利用者の権利擁護 … 138
Q163 家族への伝達事項を伝える工夫 … 138
Q164 家族への離床センサー使用の説明 … 139
Q165 サービスへの家族の意向 … 139

9 業務範囲・生産性向上

- Q166 ICT化への適応 …141
- Q167 ケアマネ業務に専念する時間の確保 …142
- Q168 生活相談員(支援相談員)と施設ケアマネの業務の違い …142
- Q169 福祉用具の管理 …143
- Q170 介護報酬請求ソフト …144
- Q171 受診の付き添い者 …145
- Q172 新人のOJTや事業所の研修 …146

10 その他

- Q173 個人情報 …147
- Q174 ハラスメントへの対応 …147
- Q175 避難訓練の実施 …148
- Q176 介護職ができる医療行為 …148
- Q177 地域密着型サービスの利用 …149
- Q178 住所地特例 …150
- Q179 虐待への対応 …152
- Q180 福祉用具についての取り扱い …153
- Q181 運営指導と監査の違い …153
- Q182 要介護認定の不服申立て …154
- Q183 介護保険料の連帯納付義務 …154
- Q184 要介護度を下げるための区分変更申請 …155
- Q185 退所してもらう場合の手順 …155
- Q186 看取りへの対応について …156
- Q187 受診、通院時の施設送迎対応 …157
- Q188 本人によって持ち込まれた電化製品の電気代 …157
- Q189 短期入所生活介護から介護老人福祉施設入所への切り替え …158
- Q190 長期入院による退所の基準 …158

第3章 施設ケアマネジメントの報酬関連編

1 運営基準・管理業務

Q191 特定施設入居者生活介護等における
夜間看護体制①…162

Q192 特定施設入居者生活介護等における
夜間看護体制②…163

Q193 特定施設入居者生活介護等における
夜間看護体制③…163

Q194 特定施設入居者生活介護等における
入居継続支援加算…164

Q195 認知症対応型共同生活介護における
医療連携体制加算①…165

Q196 介護老人福祉施設等における給付調整…165

Q197 介護老人福祉施設等における
透析が必要な者に対する送迎…166

Q198 介護老人保健施設における所定疾患施設療養費①…166

Q199 緊急時等の対応方法の定期的な見直し…167

Q200 高齢者施設等における感染症対応力の向上①…167

Q201 高齢者施設等における感染症対応力の向上②…168

Q202 業務継続計画未策定事業所に対する減算…169

Q203 高齢者虐待防止措置未実施減算…170

Q204 認知症チームケア推進加算…171

Q205 退所者の栄養管理に関する情報連携…172

Q206 介護老人保健施設における
在宅復帰・在宅療養支援機能①…172

Q207 介護老人保健施設における
在宅復帰・在宅療養支援機能②…173

Q208 介護老人保健施設における
かかりつけ医連携薬剤調整加算①…174
Q209 テレワークの取り扱い…174
Q210 介護ロボットやICT等のテクノロジーの活用①…175
Q211 介護ロボットやICT等のテクノロジーの活用②…175
Q212 特定施設における人員配置基準の特例的な柔軟化①…176
Q213 特定施設における人員配置基準の特例的な柔軟化②…177
Q214 特定施設における人員配置基準の特例的な柔軟化③…178
Q215 見守り機器等を導入した場合の夜間における
人員配置基準の緩和…178
Q216 認知症対応型共同生活介護における
夜間支援体制加算…179
Q217 人員配置基準における両立支援への配慮①…179
Q218 人員配置基準における両立支援への配慮②…180
Q219 外国人介護人材にかかる人員配置基準上の取り扱い…180
Q220 管理者の責務および業務範囲の明確化…181
Q221 ユニット間の勤務体制にかかる取り扱いの明確化…182
Q222 小規模介護老人福祉施設の配置基準…182
Q223 情報公表システム…183

2 多職種連携の報酬

Q224 総合医学管理加算…184
Q225 円滑な在宅移行に向けた看護師による
退院当日訪問…185
Q226 特定施設入居者生活介護等における
夜間看護体制④…185
Q227 認知症対応型共同生活介護における
医療連携体制加算②…186
Q228 認知症対応型共同生活介護における
医療連携体制加算③…186
Q229 介護老人福祉施設等における
配置医師緊急時対応加算…187

Q230 介護老人保健施設における所定疾患施設療養費② ···187
Q231 介護老人保健施設における所定疾患施設療養費③ ···188
Q232 協力医療機関との定期的な会議の実施 ···188
Q233 入院時等の医療機関への情報提供① ···189
Q234 入院時等の医療機関への情報提供② ···190
Q235 介護老人保健施設における
医療機関からの患者受入れ① ···190
Q236 介護老人保健施設における
医療機関からの患者受入れ② ···191
Q237 訪問看護等におけるターミナルケア加算 ···191
Q238 介護老人保健施設におけるターミナルケア加算 ···192
Q239 介護医療院における看取りへの対応 ···193
Q240 施設内療養を行う高齢者施設等への対応 ···194
Q241 新興感染症発生時等の対応を行う
医療機関との連携 ···194
Q242 認知症短期集中リハビリテーション実施加算 ···195
Q243 リハビリテーション・機能訓練、口腔、
栄養の一体的取組 ···195
Q244 特定施設入居者生活介護における口腔衛生管理 ···196
Q245 介護保険施設における口腔衛生管理 ···197
Q246 介護保険施設における再入所時栄養連携加算 ···197
Q247 介護老人保健施設における
かかりつけ医連携薬剤調整加算② ···198
Q248 介護保険施設における自立支援促進加算 ···198
Q249 緊急時訪問看護加算 ···199
Q250 退院時共同指導の指導内容の提供方法の柔軟化 ···199

3 LIFE関連の報酬

Q**251** 短期集中リハビリテーション実施加算…201

Q**252** 科学的介護推進体制加算①…202

Q**253** 科学的介護推進体制加算②…202

Q**254** 科学的介護推進体制加算③…203

Q**255** アウトカム評価の充実のための
ADL維持等加算…204

Q**256** アウトカム評価の充実のための
排せつ支援加算①…205

Q**257** アウトカム評価の充実のための
排せつ支援加算②…206

Q**258** アウトカム評価の充実のための
褥瘡マネジメント加算…206

索引…208

監修・編集・執筆者紹介

本書で使用しているアイコン

本書では、QAの内容を下記の11分野に分類している。それぞれのQAの分野は、本文中のQAにアイコンを付して示している。

▼アイコンの種類

スキル面接力…面接技術に関する内容

スキル質問力…聞く（聴く）技術に関する内容

スキル分析力…ニーズ分析などに関する内容

ルール運営基準

ルール人員基準

ルール算定基準

定　義…………言葉の意味や定義など

記　載…………記録様式への記載内容について

最適解…………今のところ、ベストな選択

連　携…………多職種連携関連

考え方…………こう考えてみてはどうかという提案

第1章

施設ケア
マネジメント
総論編

施設ケアマネ

Q1 施設ケアマネとは？

施設のケアマネジャーとは？

A 施設に入居・入所している利用者・入所者のケアプランを作成する役職である。

施設のケアマネジャーは、利用者が介護保険制度を利用して施設に入居・入所する際に、施設サービスが施設サービス計画書（特定施設入居者生活介護の場合は特定施設サービス計画、認知症対応型共同生活介護の場合は認知症対応型共同生活介護計画）に基づいて適切に実施されるように、利用者の困りごとや意向の把握、家族への連絡、看護スタッフやケアスタッフとの実際のサービス提供状況の把握と確認を行い、本人の生活をより望む形に近づけるように**計画＝ケアプランをつくり、ケアプランに沿って各職種がチームとして対応をするために舵取りをする役割があります**。利用者・入所者の処遇に支障がない場合は他の職務に従事することも可能であり、ケアプランの作成だけでなく、利用者の権利擁護・高齢者虐待等について幅広く知識を得ておく必要があります。

Q2 施設ケアマネが働く施設
施設形態ごとによるケアマネジャーの違いを教えてほしい。

A 以下のとおりである。

特定施設入居者生活介護や認知症対応型共同生活介護においては「**計画作成担当者**」、介護老人福祉施設、介護老人保健施設、介護医療院においては「**計画担当介護支援専門員**」といい、施設形態により名称が異なります。有料老人ホームのなかでも外部のサービスを利用する住宅型有料老人ホームやサービス付き高齢者向け住宅においては、施設でのケアマネジャーの位置づけはなく、外部の居宅介護支援事業所がケアマネジャーとして担当します。併設する居宅介護支援事業所がある施設では、入居前まで在宅で担当していたケアマネジャーが担当する場合と、併設する居宅介護支援事業所所属のケアマネジャーが担当する場合があります。また、認知症対応型共同生活介護では、業務に差し支えない範囲で他の職務と兼務していることが多いです。

Q3 施設ケアマネが守るべきこと
施設ケアマネが守るべきこととは何か？

A 倫理綱領がある。

職能団体等により解説や表記は異なりますが、神奈川県介護支援専門員協会の**倫理綱領**では、①人権尊重、②主体性・自己決定、③公平性・中立性、④社会的責任、⑤個人情報・プライバシーの保護、⑥法令遵守、⑦説明責任、⑧苦情への対応、⑨専門性の向上、⑩他の専門職との連携、⑪すべての人への敬意、⑫より良い社会づくりへの貢献を掲げています。また、一般社団法人日本介護支援専門員協会のホームページでも**倫理綱領・行動規範**を掲げています。

ケアマネジャーの義務等については、介護保険法（平成9年法律

スキル
面接力

スキル
質問力

スキル
分析力

ルール
運営基準

ルール
人員基準

ルール
算定基準

定義

記載

最適解

連携

考え方

第123号）第69条の34〜第69条の37において、利用者本位、公正かつ誠実な業務遂行、運営基準に従った業務の遂行、資質向上の努力義務、名義貸しの禁止、信用失墜行為の禁止、秘密保持義務について定めており、資質向上努力義務を除いた義務に対して違反した場合や、都道府県知事の業務報告命令に対して報告拒否・虚偽報告をした場合、都道府県知事の指示・研修命令に違反し情状が重い場合は、登録を消除することができると定められています。その他、権利擁護や高齢者虐待、身体拘束廃止等、ケアマネジャーとしてかかわる内容は多岐にわたり、その知識を習得しておく必要があります。

Q4 ケアマネジメントプロセス
施設ケアマネのケアマネジメントプロセスについて教えてほしい。

 以下のとおりである。

施設でのケアマネジメントプロセスには、**相談・受付からモニタリング、終結まで一連の流れがあります**。施設によっては相談・受付とインテークを同時に行う場合もありますが、入所判定会議の結果をもとに、入所に向けてスタッフとの情報共有を行い、受け入れ体制を整えます。

【ケアマネジメントプロセス】
①入所受付→②インテーク・アセスメント→③入所判定会議→④契約→⑤ケアプラン原案作成→⑥入所・サービス担当者会議・ケアプランの説明・同意・交付→⑦ケアプランの実施→⑧モニタリング・評価→⑨ケアプランの継続・変更→⑩終結

【ケアプラン作成に関する流れ】
Plan　：ケアプラン原案作成。作成前にはアセスメントによる情報収集や評価、課題分析を実施。サービス担当者会議での原案説明・同意・交付。
Do　　：ケアプランの実施。
Check　：作成したケアプランがきちんと実施できているのか評価＝モニタリングを実施。

Action ：モニタリングでの評価や結果をもとにケアプランの修正が必要かどうかを検討。
修正であれば再度アセスメント→ケアプラン原案を作成。

図1-1　PDCAサイクルと適切なケアマネジメント手法・課題整理総括表を用いた情報収集の流れ

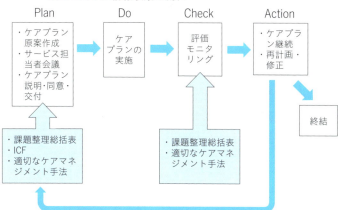

スキル
面接力

スキル
質問力

スキル
分析力

ルール
運営基準

ルール
人員基準

ルール
算定基準

定　義

記　載

最適解

連　携

考え方

アセスメントを実施した後にICF（国際生活機能分類）や課題整理総括表※1（→**表1-4**（p.49参照））を用いて情報を整理してケアマネジャーの考えを可視化し、ケアプラン作成へのニーズ立案や支援の見通しを立て、適切なケアマネジメント手法※2（→**Q32**（p.30参照））を用いて自身のケアマネジメントの傾向や視点の抜け漏れのチェック、振り返りをすることが、ケアマネジメントの質の向上や多職種との連携を図るうえでより重要です。

※1　「課題整理総括表・評価表の活用の手引き」の活用について（平成26年6月17日事務連絡）
※2　「適切なケアマネジメント手法」の手引き（令和3年3月）

2 インテーク

Q5 初回訪問でやるべきこと
初回訪問で契約やアセスメントなど、すべてをやろうとすると時間がかかり過ぎてしまうので、ポイントを教えてほしい。

 どんな情報を聞き取るのか、どういう説明を行うのか、事前準備が重要。

初回訪問で利用者や家族と面談する際、相談援助技術として「説明力」「面接技術」「質問力」が必要です。そして「信頼関係」の構築に力を注ぐ場面でもあるため、例えば、契約説明を一字一句漏らさないように伝えたり、アセスメント表の空欄を全部埋めるため、矢継ぎ早に質問したりというように、杓子定規に進めていくものではありません。

施設は在宅と違い、利用者のADL（日常生活動作）等、ある程度の情報が訪問前に届いていることも多く、その情報を読み込んだうえで、何を重点的に情報収集するか、聞き出すポイントをあらかじめまとめておくなどの、**事前準備**が重要です。また契約説明では、項目ごとに、相手の立場から理解しやすい言葉を使い、ポイントをしぼって伝えることが重要です。すべて1回ですませようとは思わず、契約とアセスメントを2回に分けて面談するなど、工夫しましょう。

Q6 耳が遠い利用者への対応
耳が遠くて電話でうまく伝わらない人への連絡方法は？

A 電話以外の手段を相手に応じて考える。

施設のケアマネジャーの対象者は家族も含め、高齢者が中心となります。そのため、連絡手段についても幅広い対応が求められます。電話以外の手段として、**「FAX」「郵便」「メール」**などが基本的な対応といえるでしょう。また、最近ではスマートフォンやパソコンのアプリケーションを使ったやりとりも珍しくありません。個人情報の取り扱いも含め、コミュニケーションツールについて、施設内で検討する必要があります。

「補聴器」「骨伝導電話」「音量調整付電話」といった道具で解決することもあります。言った・言わないを避けるためにも、うまく伝わらないと感じた場合には、面会時に話した内容を紙面に残すなどの対応がトラブルを避けることにもなります。相手の理解度に応じた手段を検討していきましょう。

Q7 説明中に本人、家族が飽きてしまうとき
重要事項などを説明している際に、本人や家族が飽きてしまうときがあるが、どうしたらよいか？

A ポイントをしぼって説明する。

最初から最後まで一度に説明するのでは、聞く側は飽きてしまいます。**重要なポイントをしぼって説明し、細かい部分は後から読んでもらい、後日不明な点がなかったかを確認する方法が効果的です**。ポイントをしぼる際には、必ず説明が必要な部分を施設内で共有しておきましょう。

署名などの同意欄については、事前に鉛筆で印を付けたり、付箋を貼るなどして短時間で説明がすむように工夫します。署名の回数が多いとさらに時間がかかってしまうので、その際には当日は説明

スキル 面接力

スキル 質問力

スキル 分析力

ルール 運営基準

ルール 人員基準

ルール 算定基準

定義

記載

最適解

連携

考え方

だけにして、後日書類をもらう、または郵送で返却してもらうのも一つの方法です。また、本人の体調によっては途中で疲れてしまう場合もあるので、その際には後日改めて説明を行うなどの配慮が必要です。

Q8 利用者や家族の様子

介護保険について説明する際、利用者や家族に理解できない様子がある場合、どのように伝えたらよいのか？

A 利用者や家族の理解度を確認しながら、丁寧に説明する。

ケアマネジャーは介護保険制度において、理解促進のための説明責任を負っています。できる限り「**理解を得てもらうための説明**」が必要となります。

介護保険法には「利用者・家族が主体であり、利用者のもつ能力に応じた自立に向けて介護保険制度を利用する」という理念があります。この意識をもって、施設を利用してもらえるように説明していきましょう。理解しづらい点については、質問を受けることも必要です。その場でわかりやすく回答できない場合や、説明が難しい内容については、いつまでに返答するかを伝え、あやふやな回答はせずに、持ち帰ってから**利用者や家族の理解度に合わせた説明**を検討します。ケアマネジャーが理解している内容でも、初めて説明を聞く利用者や家族にとっては理解しづらい言葉がたくさんあります。一方通行の説明にならないよう、利用者や家族が理解しているかどうかのサインを受け取りながら進めていきましょう。

Q9 会話が続かないとき

利用者や家族との会話が続かないとき、「ケアマネに何でも任せる」と答えるときなど、どうすればよいか？

A 傾聴と共感から始める。

初回の面接などにおいては、利用者や家族は少なからず困りごとを抱え、さまざまな喪失感に苛まれて面接に臨んでいます。まずはその心情を受け止めて理解し、「つらかったですね」「頑張られましたね」というようなねぎらいの言葉をかけ、**利用者や家族を認め、何よりもまず話しやすい雰囲気を意識してつくることが重要です。**

また、「ケアマネに何でも任せる」という言葉の裏にあるメッセージを、**その声のトーンや表情、視線などから感じ取ることも大切です。**疲労感からなのか、話すこと自体の拒否なのか、あるいは自分自身が無意識に「任せてください」という態度を醸し出していないかなどを検証しましょう。ケアマネジャーの役割が十分に伝わっていない可能性もあります。利用者や家族の強みや能力を探しながら、自ら言葉を発する機会をつくり出す工夫をすることが、利用者主体のケアの原点となります。**傾聴と共感**から始めましょう。

Q10 話題を元に戻すとき

話の内容が関係ないことに逸れた際、話題を元に戻すためには、どうすればよいか？

A 面接技術を駆使して、面接をコントロールする。

面接の目的を達成するためには、**面接をコントロールする**ことが必要です。時間的制約があるなかで、目的から離れた話題を聞いているだけでは、利用者のための面接にはなりません。面接技術の専門書※を参考にし、面接でのコミュニケーション技術を展開できるよう心がけましょう。

【話題を修正する技術】

スキル
面接力

スキル
質問力

スキル
分析力

ルール
運営基準

ルール
人員基準

ルール
算定基準

定義

記載

最適解

連携

考え方

① 元の話題に戻す

「お話の内容が見えにくくなってしまいましたので、少し前にお話を戻してもいいですか？」

② 話題を変える

「とても興味深いお話ですが、もしよければ、後ほど聞かせていただけますか？　今は○○についてお話をうかがいたいのですが、よろしいですか？」

③ 話題を限定する

「そのお話の○○のことについて、もう少し詳しく話していただけますか？」

※　岩間伸之『対人援助のための相談面接技術——逐語で学ぶ21の技法』中央法規出版、2008.

Q11 インテークで説明する順番

インテークでの説明時、どのようなことをどの順番で話せばよいか？

A 相手の興味や関心のある内容から話をしてみる。

初回面談を本人宅で行う場合では、病院等と比較すると情報があふれているので、本人宅に到着した時点から家の様子を観察することができます。玄関や縁側には段差があるのか、庭の手入れの様子はどうか、2階は利用しているのか、隣近所との関係はどうかなど、本人が今まで大切にしてきた人生観や価値観に触れることができ、その情報をもとに本人と会話をすることで、相手の緊張感も取れて自ら話してくれるようになります。また、病院に入院している場合でも、病室でテレビを見ているのか、どんな番組を見ているのか、同室者との関係性など、病院での過ごし方についてあらかじめ病棟の看護師より情報をもらい、話のきっかけをつくることも必要です。話をする際は、質問攻めや一方的に話をするのではなく、相手のペースや間に合わせたり、あいづちをうつ・柔らかい表情で接するなども面接技術としては必要です。

例）自宅で棚等に飾ってあるものを見て趣味の話を広げ、身体の動きの確認につなげる。

例）体調に関する話題から受診状況や服薬状況、服薬の内容につなげて、誰が管理しているのか、自分で飲めているのか、と関連づけて質問する。

Q12 個人情報使用同意書 BEST!
新規の依頼を受けた際、個人情報使用同意書を取らなければ、利用者の情報を扱えないのか？

 以下のとおりである。

　個人情報を取り扱うには、「利用目的の特定」「本人の同意」「安全管理措置」が必要です。本人の同意については、本人が承諾する旨の意思表示を、個人情報取扱事業者が認識することが求められますが、これは書面に限定されるものではありません。ガイドライン※によれば、口頭での意思表示やメールの受信、チェックボックスの利用、ホームページ上でのクリック、音声入力やタッチパネルなども有効な手段です。個人情報の使用に際しては、明確に利用目的を特定し、適切な同意を得ることが肝要です。

　書面での同意取得の利点は、利用目的の明確化と双方の理解確認を文書化することにあります。特に緊急の場合でも、口頭での同意を後日書面化することは、未然にトラブルを防ぐ手段となります。また、情報の安全管理措置も重要です。情報漏洩のリスクを最小限に抑えるためには、従業員のトレーニングやセキュリティ対策の徹底が求められます。施設内での情報管理には細心の注意を払いましょう。

※ 個人情報保護委員会・厚生労働省「医療・介護関係事業者における個人情報の適切な取扱いのためのガイダンス」（平成29年4月14日（令和6年3月一部改正））

スキル 面接力

スキル 質問力

スキル 分析力

ルール 運営基準

ルール 人員基準

ルール 算定基準

定 義

記 載

最適解

連 携

考え方

Q13 新規入所者の面談

新規入所者の面談は、必ず利用者に会いに行っているのか？ その場合、何を目的に会いに行くのか？

A その人の状態に合わせて検討する。

申込者から得た情報と、関係者（家族・居宅の担当ケアマネジャー・施設職員・サービス提供責任者など）の聞き取りから判断していきます。医療依存度が高い場合や、BPSD（認知症の行動・心理症状）が強い人、治療が必要な人の場合は、直接会って確認することが望まれます。入所後の生活支援を想定し、その必要性を判断していきます。

Q14 認定調査や主治医意見書 BEST!

認定調査や主治医意見書の内容について知りたいが、どこに問い合わせればいいのか？

A 各保険者により異なるため、市町村のホームページを確認したり、電話等で申請方法を問い合わせる。

要介護認定が下りた際、自分が想定していた要介護度と異なる場合があります。その際に確認できる書類として、認定調査票の特記事項やチェック項目、主治医意見書があります。そこには調査時の状態や本人の状態を客観的に評価した情報が記録されています。また、主治医意見書では把握できていなかった疾患について記載していることもあり、アセスメントで聞き漏らしていた情報を入手することもあります。書類の取り寄せ方法については、必要な書類の準備や書式等が自治体により異なるので、**該当する自治体の介護保険を取り扱っている部署に確認が必要です**。「要介護認定等に係る情報提供申込書」（自治体により名称は異なる）の交付依頼書に記載し、必要な書類（施設の契約書の複写等）や返信用封筒等を準備し、要介護認定を取り扱っている窓口にて受け取り・もしくは郵送にて

受領できます。受け取りの際は介護支援専門員証の提示（郵送であれば複写を同封）が必要です。介護保険要介護（要支援）認定申請書に情報提供に関する同意署名欄がありますが、それは本人の調査内容や判定結果、主治医意見書や保険給付の制限等にかかる内容について認定調査員や医師、事業所の関係者に対して情報を提供することに対しての署名欄なので、こちらに署名がなければ、交付できない場合や別途同意書が必要となる場合があります。一度の申請で複数の対象者の情報を取り寄せることもできますので、自治体に確認しましょう。

Q15 入所前に収集すべき情報

入所前に収集すべき情報について教えてほしい。

A 課題分析標準項目（23項目）に基づいた情報を収集する。

利用者のニーズを把握し、施設サービス計画書を作成するにあたり必要な情報を収集しましょう。そのためのツールとして、**課題分析標準項目（23項目）**があります。なお、令和5年10月16日に、課題分析標準項目の一部改正が通知されています※。具体的には以下の表1-1、表1-2を参照してください。

※「介護サービス計画書の様式及び課題分析標準項目の提示について」の一部改正について（令和5年老認発1016第1号）

表1-1　基本情報に関する項目

No.	標準項目名	項目の主な内容（例）
1	基本情報（受付、利用者等基本情報）	居宅サービス計画作成についての利用者受付情報（受付日時、受付対応者、受付方法等）、利用者の基本情報（氏名、性別、生年月日、住所、電話番号等の連絡先）、利用者以外の家族等の基本情報、居宅サービス計画作成の状況（初回、初回以外）について記載する項目

スキル
面接力

スキル
質問力

スキル
分析力

ルール
運営基準

ルール
人員基準

ルール
算定基準

定　義

記　載

最適解

連　携

考え方

2	これまでの生活と現在の状況	利用者の現在の生活状況、これまでの生活歴等について記載する項目
3	利用者の社会保障制度の利用情報	利用者の被保険者情報（介護保険、医療保険等）、年金の受給状況(年金種別等)、生活保護受給の有無、障害者手帳の有無、その他の社会保障制度等の利用状況について記載する項目
4	現在利用している支援や社会資源の状況	利用者が現在利用している社会資源（介護保険サービス・医療保険サービス・障害福祉サービス、自治体が提供する公的サービス、フォーマルサービス以外の生活支援サービスを含む）の状況について記載する項目
5	日常生活自立度（障害）	「障害高齢者の日常生活自立度（寝たきり度）」について、現在の要介護認定を受けた際の判定（判定結果、判定を確認した書類（認定調査票、主治医意見書）、認定年月日）、介護支援専門員からみた現在の自立度について記載する項目
6	日常生活自立度（認知症）	「認知症高齢者の日常生活自立度」について、現在の要介護認定を受けた際の判定（判定結果、判定を確認した書類（認定調査票、主治医意見書）、認定年月日）、介護支援専門員からみた現在の自立度について記載する項目
7	主訴・意向	利用者の主訴や意向について記載する項目 家族等の主訴や意向について記載する項目
8	認定情報	利用者の認定結果（要介護状態区分、審査会の意見、区分支給限度額等）について記載する項目
9	今回のアセスメントの理由	今回のアセスメントの実施に至った理由（初回、要介護認定の更新、区分変更、サービスの変更、退院・退所、入所、転居、そのほか生活状況の変化、居宅介護支援事業所の変更等）について記載する項目

表 I-2 課題分析（アセスメント）に関する項目

No.	標準項目名	項目の主な内容（例）
10	健康状態	利用者の健康状態及び心身の状況（身長、体重、BMI、血圧、既往歴、主傷病、症状、痛みの有無、褥そうの有無等）、受診に関する状況（かかりつけ医・かかりつけ歯科医の有無、その他の受診先、受診頻度、受診方法、受診時の同行者の有無等）、服薬に関する状況（かかりつけ薬局・かかりつけ薬剤師の有無、処方薬の有無、服薬している薬の種類、服薬の実施状況等）、自身の健康に対する理解や意識の状況について記載する項目
11	ADL	ADL（寝返り、起きあがり、座位保持、立位保持、立ち上がり、移乗、移動方法（杖や車椅子の利用有無等を含む）、歩行、階段昇降、食事、整容、更衣、入浴、トイレ動作等）に関する項目
12	IADL	IADL（調理、掃除、洗濯、買物、服薬管理、金銭管理、電話、交通機関の利用、車の運転等）に関する項目
13	認知機能や判断能力	日常の意思決定を行うための認知機能の程度、判断能力の状況、認知症と診断されている場合の中核症状及び行動・心理症状の状況（症状が見られる頻度や状況、背景になりうる要因等）に関する項目
14	コミュニケーションにおける理解と表出の状況	コミュニケーションの理解の状況、コミュニケーションの表出の状況（視覚、聴覚等の能力、言語・非言語における意思疎通）、コミュニケーション機器・方法等（対面以外のコミュニケーションツール（電話、PC、スマートフォン）も含む）に関する項目
15	生活リズム	1日及び1週間の生活リズム・過ごし方、日常的な活動の程度（活動の内容・時間、活動量等）、休息・睡眠の状況（リズム、睡眠の状況（中途覚醒、昼夜逆転等）等）に関する項目

スキル
面接力

スキル
質問力

スキル
分析力

ルール
運営基準

ルール
人員基準

ルール
算定基準

定　義

記　載

最適解

連　携

考え方

16	排泄の状況	排泄の場所・方法、尿・便意の有無、失禁の状況等、後始末の状況等、排泄リズム（日中・夜間の頻度、タイミング等）、排泄内容（便秘や下痢の有無等）に関する項目
17	清潔の保持に関する状況	入浴や整容の状況、皮膚や爪の状況（皮膚や爪の清潔状況、皮膚や爪の異常の有無等）、寝具や衣類の状況（汚れの有無、交換頻度等）に関する項目
18	口腔内の状況	歯の状態（歯の本数、欠損している歯の有無等）、義歯の状況（義歯の有無、汚れ・破損の有無等）、かみ合わせの状態、口腔内の状態（歯の汚れ、舌苔・口臭の有無、口腔乾燥の程度、腫れ・出血の有無等）、口腔ケアの状況に関する項目
19	食事摂取の状況	食事摂取の状況（食形態、食事回数、食事の内容、食事量、栄養状態、水分量、食事の準備をする人等）、摂食嚥下機能の状態、必要な食事の量（栄養、水分量等）、食事制限の有無に関する項目
20	社会との関わり	家族等との関わり（家庭内での役割、家族等との関わりの状況（同居でない家族等との関わりを含む）等）、地域との関わり（参加意欲、現在の役割、参加している活動の内容等）、仕事との関わりに関する項目
21	家族等の状況	本人の日常生活あるいは意思決定に関わる家族等の状況（本人との関係、居住状況、年代、仕事の有無、情報共有方法等）、家族等による支援への参加状況（参加意思、現在の負担感、支援への参加による生活の課題等）、家族等について特に配慮すべき事項に関する項目
22	居住環境	日常生活を行う環境（浴室、トイレ、食事をとる場所、生活動線等）、居住環境においてリスクになりうる状況（危険個所の有無、整理や清掃の状況、室温の保持、こうした環境を維持するための機器等）、自宅周辺の環境やその利便性等について記載する項目

| 23 | その他留意すべき事項・状況 | 利用者に関連して、特に留意すべき状況（虐待、経済的困窮、身寄りのない方、外国人の方、医療依存度が高い状況、看取り等）、その他生活に何らかの影響を及ぼす事項に関する項目 |

※ 介護サービス計画書の様式及び課題分析標準項目の提示について（平成11年老企第29号）
4 課題分析標準項目について（別紙4）

Q16 入所前や契約時の注意点
入所前や契約時に、利用者や家族に対して特に注意して説明すべき内容とは？

 ネガティブな内容を伝えることも大切。

　入所にあたり、利用料金や施設のサービスはもちろんのこと、リスク面など**ネガティブな内容についても説明しておく必要があります**。利用料金については、現状の料金だけでなく、介護報酬改定や制度の変更などに伴い料金が変わる可能性があることについても説明しておくとよいでしょう。施設が提供するサービスについて説明する際には、施設でできることを伝えるとともに、できないことや利用者や家族に協力をお願いしたいことなども説明しましょう。また、転倒などの事故が起こり得るリスクをゼロにはできないこと、体調の急変などが起こり得ること、認知症がある人はリロケーションダメージ（環境変化に伴うダメージ）が起こる可能性があることなどのリスク面や、退所となる要件、施設での禁止事項なども説明しましょう。ポジティブな面だけではなく、ネガティブな内容も伝えることで、入所後に「こんなことは聞いていない」などのトラブルを避けることにつながります。

スキル
面接力

スキル
質問力

スキル
分析力

ルール
運営基準

ルール
人員基準

ルール
算定基準

定　義

記　載

最適解

連　携

考え方

Q17 負担限度額認定証
介護保険負担限度額認定証の説明の時期はいつか？ また、説明のポイントは何か？

 入所前に必ず説明する。

　料金は利用者や家族にとって、その後の人生設計において重要な内容です。具体的な利用料金の提示が「入所後も支払いを継続していくことが可能か？」など入所を判断するための重要な材料となります。介護保険負担限度額認定証の有無や段階により、利用料金は大きく変わります。**見学や面談の際などに、施設の利用料金の説明と併せて、介護保険負担限度額認定証の制度についても説明をしましょう**。必ずしも各段階の要件など詳細まで説明する必要はありませんが、そのような制度があること、どのように申請をすればよいのかなどは伝える必要があります。また、将来的な制度の変更により、**要件や自己負担額が変わる可能性があること**も忘れずに説明しましょう（負担割合の詳細については、Q115（p.92）参照）。

3 アセスメント

Q18 事前情報とアセスメント

施設や病院からの事前情報でアセスメントを行ってもよいか？
入所前の家族との面接で得た情報と、入所後に確認した本人の状況に違いがあった。ケアプランを作成し直す必要があるか？

A 多職種からの情報を得てアセスメントを行う。

居宅から直接入所・入居する利用者もいますが、在宅生活が困難になり、長期滞在できる施設の入所・入居前に一時的に医療機関に入院していたり、短期入所サービスを利用していることがあります。

入所・入居が決まり、施設での生活が始まるにあたり、直近の状況をアセスメントする必要があります。現在利用している医療機関・施設に出向き、利用者との面談および直接医療機関・施設職員からの情報収集でアセスメントを行うことができます。

入院・サービス利用のきっかけや期間によっては、医療機関・施設職員も十分に情報が把握できていない場合もあります。**医療機関・施設の多職種から話を聞くことで、専門的視点の情報を得ることが可能になります**。足りない部分は家族からも、必要な情報を収集することは欠かせません。

入院・サービス利用期間が長期になっている場合、家族が最近の状況を把握していないこともあります。その時は、入院・サービス利用の医療機関・施設職員から得る情報が的確な情報になるでしょう。

スキル 面接力

スキル 質問力

スキル 分析力

ルール 運営基準

ルール 人員基準

ルール 算定基準

定義

記載

最適解

連携

考え方

入所決定から入所までの期間が短く、アセスメントに要する時間や事前面談の機会が十分にとれずに、情報が十分といえない状況で、入所にあたっての暫定的なケアプランを作成せざるを得ないこともあるでしょう。入所後、新たに得られた家族等からの情報や、入所生活を開始してからの利用者の状況、施設の多職種からの情報から再アセスメントを行い、目標や提供する支援内容やサービスの提供方法を変更する場合は、ケアプランを見直すことが必要です。

Q19 最低限聞き取るべき情報
情報収集で、最低限聞き取る必要のある内容は何か？

A　課題分析標準項目を参考に情報収集する。

アセスメントで必要な項目については、**課題分析標準項目**が基本となります（→Q15（p.13参照））。通知では、課題分析の適切な方法として「課題分析標準項目を具備すること」とされており※1、すべての項目について情報収集を行う必要があります。なお、各標準項目の具体的な内容として、「項目の主な内容（例）」が示されていますが、「これらの内容についてすべての情報収集を行うことを求めるものではなく、利用者の課題分析に必要な情報を判断するための例示である」とされています※2。

アセスメントは一回の面接で、すべての情報を把握できるものではありません。利用者や家族と相談を継続することで得る情報も多くあります。利用者や家族との信頼関係を築きながら、聞き取りづらかった情報も得ることになるでしょう。

※1　介護サービス計画書の様式及び課題分析標準項目の提示について（平成11年老企第29号）
※2　「課題分析標準項目の改正に関するQ&A」の発出について（令和5年10月16日事務連絡）

Q20 家族関係の確認

家族関係はどこまで踏み込んで聞いてよいのか？

A 家族関係は重要な情報。丁寧に聞き取る。

施設入所および入所生活を継続するにあたり、家族の存在は大変重要です。入所時だからこそ、聞きやすいと思いますので、最初にどのような家族関係なのかを確認しましょう。利用者にとっても、また施設にとっても家族とよりよい関係を築き続けることは大切です。しかし、近年では家族関係も複雑になり、家族の歴史にも個別性があります。どこまで施設側が家族関係を知り、今後の支援に役立てられるかが、家族との関係を左右することになります。

施設入所にあたり、入所相談から申し込み、入所前のアセスメントの対応、入所契約の手続きは家族の誰が行うのかを明確にする必要があります。つまり入所後の**利用者のキーパーソンになり得る人物を確認する**必要があります。

施設でその人らしく過ごしてもらうために、不可欠な家族は誰かを見据え、また、何か緊急事態や心身の状況に変化が生じた際に、連絡ができ、協力してもらえる家族は誰かを決めておく必要があるでしょう。

利用者にとって、自宅ではない施設で生活を送ることへの不安を抱くこともあるでしょう。その際に精神的なサポートとなる家族の存在は大切です。施設にとっても心強い存在になります。

利用者が施設入所について理解ができておらず、施設のサービスや対応に不満を感じたり、苦情を申し出る家族もいるかもしれません。施設入所についてあらかじめ家族間で十分に話し合ってもらうなど、理解を求めておく必要もあります。

また、利用者との関係性から、面会や連絡をとることで利用者本人によい影響を及ぼさない関係にある家族もいるかもしれません。虐待や金銭トラブル等で関係を続けることが難しい家族もいます。

どこまで情報を聞き取れるかは、キーとなる家族の思いもあります。家族には今後施設での生活で起こり得る状況を説明して理解し

てもらい、家族関係で注意、留意しなければならないことを情報提供してもらう必要があります。その情報は施設内で共有する必要がありますが、家族には守秘義務についても説明し、信頼をしてもらったうえで情報を聞き取りましょう。

Q21 話がズレてしまったら
相手が話したい内容とこちらが知りたい内容にズレがある場合、どうすればよいのか？

A 相手の思いに寄り添い、質問方法を工夫する。

ケアマネジャーは、インテークの開始から利用者・家族との信頼関係を構築しつつ、ケアマネジメントを進めていきます。さまざまな情報を聞き取り、整理し判断しなければなりません。

インテーク、アセスメントといった、利用者・家族との出会い、支援の初期段階において、利用者・家族がケアマネジャーに対してどのような印象をもつかが、今後の関係を構築するにあたって大切です。ケアマネジャーが投げかける質問や共感、傾聴的態度が利用者・家族とケアマネジャーとのスムーズなコミュニケーションにつながるポイントと考えられます。

お互いに意思疎通が図られることによって、意図した質問が理解され、的確な反応や回答が得られることになるでしょう。利用者・家族との面接において、質問力を高めることが大事な技術ともいえます。

場面や利用者・家族の状態に合わせ、質問を使い分けることも有効的な方法といえます。**オープンクエスチョン、クローズドクエスチョン、スケーリングクエスチョン等、得たい情報の内容によって質問の仕方を変えてみましょう**（表1-3）。

利用者・家族が自分の思いを表出するために、さまざまな思いを巡らし、迷いながら質問に答えていることを理解することが必要です。質問の意図をしっかり伝え、質問について理解してもらえることが大事です。質問に回答する利用者・家族の態度や表情をよく観察し、傾聴すること、回答に対して共感・支持することも大事なこ

とです。回答の要約、明確化、繰り返し、言い換えといった面接技術も活用しましょう。

表1-3 三つの質問手法

オープン クエスチョン	クローズド クエスチョン	スケーリング クエスチョン
「今はどのようなお気持ちですか?」「今日の調子はいかがですか?」のように自由に答えられる質問。より多くの情報が得られる。	「夕べはよく寝られましたか?」のように「はい」「いいえ」で答えられる質問。効率よく聞き取りができる。	「今の痛みは、0〜10のどの段階でしょうか?」のように、数値で答えることができる質問。程度や状態の把握に向いている。

Q22 利用者の意向の確認
利用者の意向をうまく引き出せないが、どのように聞き取りを行えばよいのか?

 利用者のこれまでの生活から望む生活を読み取る。

居宅サービスの利用者でも、生活に対する意向の聞き取りを行おうとしても、サービスを利用しながら自分自身がどのような生活をしたいか、どうなることを望んでいるかを表出することが難しいことは往々にしてあります。

施設を利用しようとする人は、要介護度が高く、心身の機能が低下し、また、認知症状の進行もある人が多く、自分自身の意向を示すことができない人も少なくありません。これからの施設での生活をイメージできずに、望む生活が何かをうまく答えられない利用者もいます。

ケアマネジャーは、アセスメントにおいて、利用者の生活歴やこれまでの生活でのさまざまなことを聞き取ります。また、家族からも多くの情報を得ます。その情報から、利用者が生活のなかで大切にしてきたこと、得意だったことや楽しんでいたことなどを聞き取

スキル
面接力

スキル
質問力

スキル
分析力

ルール
運営基準

ルール
人員基準

ルール
算定基準

定 義

記 載

最適解

連 携

考え方

ります。その利用者が施設を利用するにあたり、**利用者自身のその人らしい生活は何かを探る必要があります**。意向が表明されていない場合は、アセスメントで確認した情報から「○○のようになりたいのではないですか」、「○○ができるとよいと思っているのではないですか」等、意向に関するヒントを出すことで、「そうなんです」「そうしたいです」といった生活に対する意欲的な思いや希望につながる表明があるかもしれません。

Q23 情報収集とアセスメントの違い
情報収集とアセスメントの違いは？

 アセスメントは課題分析。

アセスメントは情報収集だけではなく、その情報をもとに分析することが含まれます。情報収集は利用者の希望や生活状況を理解するための初期段階であり、課題分析はその情報をもとに、現在の課題や将来のリスクを洞察し、解決策を見出す作業です。

例えば、利用者の希望を聞くことは情報収集の一部ですが、その希望が実現されていない理由や、これからどうすれば実現可能かを考えるのが課題分析です。また、生活環境や健康状態に関する情報を集めることも情報収集の一環ですが、それがどのようにして将来の健康リスクや安全面に影響するかを考えるのが課題分析です。アセスメントを通じて得られた洞察は、ケアプランの立案に直結します。それにより、利用者がより適切な支援を受けられるようになります。

Q24 課題整理総括表の作成 BEST!
課題整理総括表は、必ず作成しなければいけないか？

A 令和7年2月現在、作成しなくても法令違反にはならない。

作成しなければ法令違反になるということはありません。課題整理総括表（→表1-4（p.49参照））は利用者の状態等を把握し、情報の整理・分析等を通じて課題を導き出した過程について、多職種協働の場面等で説明する際に、適切な情報共有に資することを目的に作成されました。サービス担当者会議や地域ケア会議において、ケアプランの根拠や利用者の状態像の説明に活用することができます。

施設においては、**アセスメントによって導き出された課題に抜け漏れがないかをチェック**することや、**研修等での活用**、**OJTでの指導場面などに活用**することができます。法定研修などでも活用する場面が増えてきましたので、内容については手引き※などを確認しておいたほうがよいでしょう。

※「課題整理総括表・評価表の活用の手引き」の活用について（平成26年6月17日事務連絡）

Q25 認知症のある利用者の意向確認
アセスメントの際、利用者に認知症があれば、利用者の意向は確認しないで、家族からだけ情報収集すればよいか？

A 家族の意向の確認や、情報収集は必要だが、本人の思いを聞くことも重要。

ただし認知症のある本人が必ずしも話せるとは限りません。

そうした場合は、家族から情報収集した本人の生活史を参考にしたり、本人の行動や表情を観察したりします。認知症といっても、初期から末期まで症状の段階が異なります。**本人の言葉で話せるうちは、必ず本人に意向を話してもらいましょう**。初回のアセスメントだけではわからないことも当然あり、2回、3回と本人に接す

スキル
面接力

スキル
質問力

スキル
分析力

ルール
運営基準

ルール
人員基準

ルール
算定基準

定義

記載

BEST!
最適解

連携

考え方

ることで見えてくるものがあるので、そのうえで推測してあたりをつけ、その後、家族とのすり合わせを行って確認します。

Q26 アセスメント様式の選択
アセスメントの様式がいろいろあるため、何を選べばよいか困る。

 その施設に合った様式を選ぶ。

課題分析標準項目の23項目（→Q15（p.13参照））を網羅した様式であれば、どの様式を選んでも構いませんが、従来の様式に加えて、例えばグループホームであれば、プラス認知症の項目（例えば、センター方式など）を追加して使ったり、既存の様式が使いづらいのであれば、施設でオリジナル版を作成してもよいでしょう。また、アセスメント表は一つと限定する必要もありません。**施設に合うようにカスタマイズ**しましょう。

なお、令和6年度から法定研修のカリキュラムに「適切なケアマネジメント手法」が盛り込まれたことを踏まえ、課題分析標準項目の内容が改定されています※1・2。

※1 「介護サービス計画書の様式及び課題分析標準項目の提示について」の一部改正について（令和5年老認発1016第1号）
※2 「課題分析標準項目の改正に関するQ&A」の発出について（令和5年10月16日事務連絡）

Q27 顕在ニーズと潜在ニーズ
顕在化しているニーズと潜在化しているニーズとは何か？

 表出されている内容だけがニーズではない。

利用者自身が「これがほしい」「こんなことがしたい」と**サービスの必要性をはっきり自覚している状態**、これを顕在ニーズといいます。一方、潜在ニーズとは顕在ニーズの裏に隠された利用者も自覚していないニーズのことです。課題がまだ表面化しておらず、**自**

分が本来何を必要としているかに気づいていない状態をいいます。ケアマネジャーは、専門職として顕在化しているニーズだけではなく、潜在化しているニーズについても分析し、課題に対して適切な支援をしていく必要があります。

利用者の「お風呂に入れなくて困っている」という顕在ニーズの背景には、「廃用症候群による下肢筋力の低下」という潜在ニーズが存在する可能性があります。ケアマネジャーは、現時点では入浴介助を提供しながらも、徐々に下肢の筋力を回復させる計画を立て、利用者の自立度を向上させていくことが求められます。

Q28 アセスメントの持ち物 BEST!
アセスメントの際に持参したほうがよい物品は？

A 以下のとおりである。

アセスメントの際に必要な持ち物としては、基本情報・アセスメント様式・認知症状のある利用者はMMSE様式・名刺・事業者パンフレットや介護保険の冊子・A4白紙のコピー用紙・筆記用具・ハサミ・メジャー・腕時計等の小物・電卓があります。

面接時に、本人・家族からいろいろな質問をされます。特に初めて介護保険サービスを使う場合は、当然ながら質問が多くなりがちです。こうした場面では、サービス事業者のパンフレットや介護保険の冊子を提示しながらの説明が有効です。入所施設の住所や費用、持ち物などは当然聞かれますので、高齢の人でも見やすい資料を準備します。

住環境で段差がある場合、何センチの段差は乗り越えられていたなど明記する場合に、メジャーがあると便利です。**A4コピー用紙は、ライフヒストリー（生活史）・エコマップ・ジェノグラムなどを描く際に使えます**ので、2～3枚は携帯しておくとよいでしょう。

スキル
面接力

スキル
質問力

スキル
分析力

ルール
運営基準

ルール
人員基準

ルール
算定基準

定　義

記　載

最適解

連　携

考え方

Q29 認知症のある利用者のニーズ

認知症のある利用者のニーズを抽出するのが本当に難しい。コツはあるか？

A まずは、アセスメントで得た情報を整理、分析する。

認知症のある利用者のアセスメントは、身体状況だけではなく、本人・家族の思いや認識の把握、医療面から薬物の影響や認知症以外の疾患から想定されるリスク、重度化や認知症進行の予防、予後予測を踏まえたチームケアの構築(多職種連携)が重要です。また、インフォーマルな地域資源の活用ができる情報共有と体制を整えることも考えましょう。

ツールとしては、利用者本人の言葉をそのまま書き入れたうえで、スタッフも同時に思ったことを書き入れる**センター方式**を活用するのもよいでしょう。本人の行動の観察、医療面から予測できるリスク等、利用者の課題が見えてきます。最初は時間を要しますが、慣れれば、**ひもときシート**の活用も有効です。入所時にすべての課題が抽出できない場合も多いので、入所後にコミュニケーションをとり、観察を重ねながらその人の人となりや課題を少しずつ把握し、修正していきましょう。また、**課題整理総括表**を活用することで、まとめた情報や見通しから新たな気づきが得られることもあります。

Q30 再アセスメントの必要性

状態が変わらなければ、ケアプランや要介護認定が変わっても再アセスメントは必要ないか？

A 再アセスメントは必要である。

ケアプランや要介護認定が変わったのであれば、状態が全く変わらないはずはありません。一見状態が同じように見えても変化はあるので、前ケアプランの評価からの課題分析と再アセスメントをきちんと実施して新たな課題は何かを導き出しましょう。利用者、家族の意向を確認して、暫定ケアプランを作成し、サービス担当者会

議を開催するという一連の流れは同じです。大きく状態が変わらなかったとしたら、状態が維持できた根拠を記載するようにしましょう。

Q31 ニーズの抽出方法
アセスメントからニーズの抽出方法がわからない。

  まずは、アセスメントの意味を理解する。

　アセスメントとは、情報収集を行い、収集した情報を整理し、分析することです。**収集した情報をカテゴリーごとに整理し、分析する**ことで、おのずと利用者の困りごと、手立てが必要な課題が見えてくるはずです。本人の可能性と将来予測も踏まえて、生活全般の解決すべき課題を抽出していきます。例えば、「食事の摂取量が減ってきている」「痩せてきている」「自力では歩けない」という情報を収集した場合、分析をすると、「このままでは、床ずれができる可能性がある」という予後が推測できます。そのため、ケアプランのニーズには「床ずれができる危険がある」、次に「床ずれを予防する」という目標が設定できます。さらに、ケアの内容には、具体的な栄養状態の改善や身体を動かすこと・寝具（エアマット等）の調整などが考えられます。このように集めた情報を分析した結果をケアプランに反映させるためにニーズを抽出するのがアセスメントです。本人や家族の希望や意向（デマンド）だけがニーズではありません。前述した「床ずれの危険」のように、潜在しているニーズも分析の結果で、しっかり抽出する必要があります。課題整理総括表を使用することで、このような見通しを整理しやすくなる場合があります。また、本人の意向と家族の意向が食い違うようであれば、ケアマネジャーとしてすり合わせを行う必要があります。

　間違っても、ケアマネジャーの思い込みや、家族の意向だけでケアプランを作成してはいけません。

スキル
面接力

スキル
質問力

スキル
分析力

ルール
運営基準

ルール
人員基準

ルール
算定基準

定　義

記　載

最適解

連　携

考え方

Q32 適切なケアマネジメント手法

適切なケアマネジメント手法とは何か？

A 以下のとおりである。

　適切なケアマネジメント手法とは、利用者と家族の尊厳を保持し、住み慣れた地域での生活を支援するために、各専門職の知識と経験に基づき、状態の維持、重度化予防、リスクの軽減を体系化したものです。この手法は**「基本ケア」と「疾患別ケア」の二層構造**となっており、それぞれに①想定される支援内容、②支援の概要、必要性、③適切な支援内容とするための関連するアセスメント／モニタリング項目等が整理されています。

　「基本ケア」で日常生活の基盤を確認し、「疾患別ケア」は多職種が協力して対応する必要がある疾患ごとのケアを含みます。要介護状態の主な原因となり、重度化することで生活機能に大きな影響を及ぼす**「脳血管疾患」「大腿骨頸部骨折」「心疾患」「認知症」「誤嚥性肺炎の予防」の5疾患が体系化**されています。また、時期によって本人の状況や必要な支援内容、併せて医療との連携における留意点が変化することから、支援内容の見直しにも着目し、期別の視点も盛り込まれています※。

※「適切なケアマネジメント手法」の手引き（令和3年3月）

4 ケアプラン

スキル
面接力

スキル
質問力

スキル
分析力

ルール
運営基準

ルール
人員基準

ルール
算定基準

定　義

記　載

BEST!
最適解

連　携

Q33　介護認定審査会の意見及びサービスの種類の指定

「介護認定審査会の意見及びサービスの種類の指定」には、何を記入するのか？

A　介護認定審査会の意見を反映するようにする。

介護保険被保険者証の「認定審査会の意見及びサービスの種類の指定」の欄に記載がある場合は、施設サービス計画書第1表の「介護認定審査会の意見及びサービスの種類の指定」の欄に転記します。

その記載された意見および指定されたサービスや支援については、その意見をもとに、施設サービス計画書を策定しなければなりません。

施設におけるサービスや支援に、介護認定審査会の意見が反映されるように配慮することになります。意見の根拠やサービスについて、保険者に確認するとよいでしょう。

また、介護保険被保険者証の**「認定審査会の意見及びサービスの種類の指定」の欄に何も記載がなくても、施設サービス計画書は空欄にはせず「特になし」「記載なし」などと記載することで、介護保険被保険者証を確認していること、記載がなかったことの事実確認ができます。**

Q34 家族や医師の緊急連絡先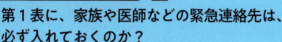

第1表に、家族や医師などの緊急連絡先は、必ず入れておくのか？

A 記載は必須ではない。必要に応じて記載する。

居宅サービス計画書では、第1表の方針の欄に、これまでの経過や方針の記載と併せ、家族の緊急連絡先や主治医の医療機関名や連絡先を記載することがあります。

ケアプランは利用者・家族、ケアマネジャー、各サービス提供事業所が共有する書式です。家族や主治医の連絡先をケアプランに記載することで、キーパーソンとなる家族や主治医を共通把握でき、緊急時や病状の急変時の連絡・相談先を明確にしておくことが可能です。サービス開始にあたり、緊急時の対応を共有しておきたい場合には、かかわる関係者が意識できることから有効です。

施設サービス計画書においては、ケアプランを共有する関係者は家族、施設の各部門となります。施設では利用者の基本的な情報のなかで、緊急時の連絡先や対応は把握されています。よって、施設サービス計画書に家族や医師などの緊急連絡先を必ずしも記載する必要はありません。

自分の名前や連絡先が記載されることに抵抗を感じる人もいますので、記載する場合はその人に目的を説明し、同意を取りましょう。

Q35 短期目標と長期目標の期間

第2表で、認定の有効期間が短い場合、短期目標と長期目標の期間は一緒でよいか？

A 目標およびその達成に即した期間を設定する。

長期目標は、認定有効期間内におけるゴールの目標といえます。短期目標は、長期目標を達成するための段階的な目標といえます。

要介護認定の更新では、必ずケアプランの見直しが行われなければなりません。そこで長期目標、短期目標の見直しが行われ、その

設定がされます。最近では要介護認定期間が、4年間に延長できるようになっています。長期目標の期間を4年間で策定することもあるでしょう。

短期目標の期間を6か月にするルールはありません。解決すべき課題（ニーズ）に対して、長期目標の達成のために段階的な目標として、達成時期を見積もった期間が設定されることになります。しかし、認定有効期間は、利用者によって違いがあります。施設入所のタイミングによっては、質問のように認定有効期間が短いこともあります。

目標の期間は、原則として開始時期と終了時期を記入しますが、終了時期が特定できない場合等にあっては、開始時期のみ記載する等として取り扱うことができます※。**イレギュラーな場合には、期間を設定した判断根拠を残しておきましょう。**

施設入所をした利用者が、長期に渡って同じ状態で変化がなくても、ケアマネジメントの手続きとして、モニタリング・評価、再アセスメントを実施したうえで、ケアプランの見直しを行うことになります。ケアマネジャーが気づけていなかった利用者の変化もあるかもしれません。利用者・家族の意向、多職種による支援の経過やモニタリング・評価、再アセスメントの情報を丁寧に分析することが大切です。ケアマネジャーとしての日々の観察や継続して行われるモニタリング等による利用者の状態把握を徹底し、利用者の支援およびケアプランの見直しをしましょう。

※　介護サービス計画書の様式及び課題分析標準項目の提示について（平成11年老企第29号）

スキル
面接力

スキル
質問力

スキル
分析力

ルール
運営基準

ルール
人員基準

ルール
算定基準

定　義

記　載

最適解

連　携

考え方

Q36 認定の有効期間

認定の有効期間が、あと1週間で切れてしまうが、その前にサービスが開始になった場合は、1週間だけのケアプランを作成し、その後また新たにケアプランを作成して、サービス担当者会議を実施するのか？

A 認定期間に合わせてケアプランを作成する。

　居宅サービス計画書、施設サービス計画書ともに認定期間内における支援を示した内容になっている必要があります。たとえ**1週間とはいえ、その期間の計画に基づいた支援が提供されることが必要**です。

　利用開始時から期間が短く、利用者の状況やニーズが変わらない、支援の内容も変わらないこともあるでしょう。しかし、認定期間に合わせたケアプランは必要です。

　すでに次期の認定更新が決定されているならば、サービス開始にあたるケアプランと次期の認定におけるケアプランを併せて、サービス担当者会議を実施することは可能です。

　次期の認定が遅れ、決定していない場合でも、次期の暫定ケアプランは必要になります。開始時のケアプランと暫定ケアプランを併せ、サービス担当者会議を行いましょう。

　施設の場合、サービス担当者会議に出席する関係者が施設内の専門職で、あらためてサービス担当者会議を実施できる場合は、それぞれのケアプランに合わせたサービス担当者会議にすることも可能でしょう。しかし、家族の出席を調整しなければならず、家族の負担も考慮しなければなりません。

Q37 インフォーマルサポート

インフォーマルサポートもケアプランに入れるとあるが、どんな内容をいうのか？

A 望む生活の実現と施設での生活の充実を図るためのインフォーマルサポートも視野に入れてケアプランを作成する。

利用者を取り巻く人的、物的、制度的なものすべてを社会資源とし、医療保険、介護保険サービスや行政が行う高齢者福祉サービス等をフォーマルサービスとしています。また、**自治会や老人会といった地域の活動によるサポートやボランティアを中心とした支え合いの支援、家族や親族、近隣者や友人や知人**といった公的な法や制度に基づかないサービスや支援をインフォーマルサポートといいます。

利用者にとって施設での生活をその人らしくするために、欠かすことのできない支援が、施設の介護サービスでは賄えない内容であった場合、インフォーマルサポートで補い活用することが期待されます。

利用者の施設での生活をより充実したものにするためには、施設職員から提供される介護や医療、リハビリテーションといった専門的な支援以外のサポートも必要不可欠です。地域で自主的な活動をする人々が協力のために来訪されています。また、利用者のレクリエーションや趣味など楽しみの活動のため、特技や専門的技術を提供してくれる人々の協力もあります。

家族や友人・知人による面会や話し相手といった支援は、家族や友人・知人との関係が継続できることで、利用者の生活に張りがもてたりと精神的な支えになります。喜びをもてる一助となり、利用者の施設での生活をより充実して過ごしてもらうことが可能になります。そのためにも、インフォーマルサポートをケアプランに反映することは、利用者が多くの人たちに支えられていると実感でき、家族との関係も続けられていると思えることにつながります。

スキル
面接力

スキル
質問力

スキル
分析力

ルール
運営基準

ルール
人員基準

ルール
算定基準

定 義

記 載

最適解

連 携

考え方

Q38 ボランティアや民生委員

ボランティアや民生委員などはケアプランに位置づけてもよいか？

A 施設利用者の生活をよりよく、充実したものにするために、施設職員以外のサポートも取り入れる。

医療保険や介護保険で提供されるサービスや支援では、利用者がその人らしく生活を継続するには不足することもあります。フォーマルなサービスのみをケアプランに位置づけるだけでなく、**インフォーマルなサポートをケアプランに位置づけることで、利用者の施設の生活が大きく広がり、その利用者にとっての施設の生活が充実したものとなる可能性があります。**

施設の職員だけでなく外部から訪問するボランティアや民生委員等とかかわることで、ふだん話せないことを話したり、聞いたりすることで気持ちが穏やかになることもあるかもしれません。困っていることや不満を聞いてもらうことで、気持ちが晴れることもあります。利用者の思いを利用者に代わって伝えてもらうこともできるかもしれません。

ボランティアには経験豊かな人もいれば、そうでない人もいます。利用者の支援に入るタイミングでは、接し方やできること、ボランティアとしてできることの範囲を明確にしておくための話し合いをしておくことが必要です。特に**守秘義務**については是非確認しておきましょう。

Q39 ケアプランの原案と確定ケアプラン

ケアプランの原案と確定ケアプランの違いは何か？

A サービス担当者会議を通じ、利用者・家族、関係する専門職の意見を反映することで、確定ケアプランになる。

ケアマネジメントプロセスはインテークから始まり、情報を収集、収集した情報を分析してアセスメントを行います。抽出された課題

を整理し、ケアプランの原案を作成します。

その後、その原案をサービス担当者会議ではかり、利用者・家族に施設で生活するにあたっての意向や希望をあらためて確認します。また、施設内の今後かかわる専門職からケアプラン原案に対する意見聴取が行われ、聴取された意見をもとにケアプランの検討が行われます。**サービス担当者会議で出された意見を反映した支援内容を盛り込んだ、利用者・家族に同意を得たケアプランが確定ケアプラン**となります。

新たな施設への入所にあたっては、アセスメントが不十分なこともあります。入所前に得られる情報は限られています。また、限られた職員のみが利用者のことを知ることになります。入所の時点では、暫定的なケアプランの原案を作成し、利用者と家族への説明・同意を得て確定ケアプランとする場合もあるでしょう。入所後に利用者の状況をさらに把握し、追加で確認できた情報や多職種からの入所後の情報をもとに再アセスメントを行い、ケアプランを見直すことで、本来の確定ケアプランとなります。

Q40 署名等について
施設サービス計画書は第1表、第2表、第3表すべてに署名等が必要か？

A　必ずしも署名は必要ではない。説明と同意の確認を記録する。

「施設サービス計画の原案の内容について入所者又はその家族に対して説明し、文書により入所者の同意を得なければならない」※とされています。

必ずしも署名を必要とはしていません。第1表の下部に利用者の署名欄が設けられている場合は、施設サービス計画書原案を説明したことの確認、サービス内容に関する説明を行ったうえで、同意を得て、署名をもらいます。

ケアプランは第1表に基づき、第2表、第3表に具体的な支援内容が記載された一連の様式なので、**第1表の書式にある署名により、そのケアプランの説明を受け、同意を得た確認となります。**

スキル
面接力

スキル
質問力

スキル
分析力

ルール
運営基準

ルール
人員基準

ルール
算定基準

定義

記載

BEST!
最適解

連携

考え方

037

厚生労働省は令和３年の運営基準の改正で事務負担軽減のため、署名以外の手段として**電磁的方法**も認めています。署名押印などによる説明・同意の立証の**具体的な代替手段として「メール」や「電子署名」が示されています**。書面での署名を行わない場合、**メールの送受信などによる同意のやりとりなどが確認できること**や、**電子署名により同意をした人と日時などが確認できる状態**ができている必要があります。

※ 指定介護老人福祉施設の人員、設備及び運営に関する基準（平成11年厚生省令第39号）第12条第7項等

Q41 ケアプランの作成日とは

ケアプランの作成日は、ケアプランを作成した日付とサービスが開始になる日付のどちらか？

 A ケアプランを作成した日である。

施設サービスを利用する前には、必ず要介護認定を受けていなければいけません。また、施設サービスを開始する前には緊急時などやむを得ない場合を除き、ケアプランを作成していなければいけません。もしケアプランがない状態でサービス提供が先行されるとなると、「施設でどのようなサービスを利用するのか」について説明がないため、介護保険制度も利用できず、自己負担での取り扱いになります。本人が施設でどのような生活を望み、それに対して多職種でどのように対応をしていくのかを記載した計画書がケアプランですので、**サービス開始前までにケアプラン原案がないといけません**。また、**サービス開始前にケアプラン原案の説明を行い、修正等をする場合においては、ケアプラン作成日は修正した日付になります**。

区分変更申請中や新規申請等により要介護度が不明な場合は、要介護度や有効期間、認定日を記載せず空欄にしたケアプラン原案を作成します。要介護認定がおりた場合は、空欄にしていた箇所に介護保険証に記されている認定日、有効期間、要介護度を記載します。支援経過には、初めにケアプランを作成した日と新たに要介護度を

追記したケアプランについて経緯がわかるように記録します。

Q42 ケアプランの作成日とサービス担当者会議開催日
ケアプランの作成日とサービス担当者会議の日付は同じにしないといけないか？

A 同じではなくてもいい。

通常はサービス担当者会議を開催する前までにはケアプラン原案を作成し、本人や家族、関係機関にケアプラン内容について確認してもらうことが前提になります。サービス担当者会議参加者へはすでにケアプラン原案を渡している状態なので、**ケアプラン原案作成日はサービス担当者会議開催前の日付になります**。それをもとにサービス担当者会議を開催しますが、会議にてケアプラン原案の修正が必要となった場合は、その場で修正を行う・もしくは後日に再度説明を行うことになるため、作成日とサービス担当者会議の日程が同じ日になることはありますが、サービス担当者会議よりもケアプラン作成が後になることはありません。何かしらのやむを得ない理由で後になる場合は、その理由や状況、家族へのケアプラン作成が遅延したことに対する説明状況等について詳細を支援経過に残しておく必要があります。

Q43 ケアプランに署名等をもらう日付
ケアプランに署名等をもらう日付は、サービス担当者会議の日付か、ケアマネジャーがケアプランの原案を説明した日付か？

A ケアプラン原案を説明し、同意を得た日付である。

ケアプランへの署名をもらう前の過程としてケアプラン原案を作成し、その内容についてサービス担当者会議にて検討・共有し、そこではじめて本人、家族、関係者より同意を得ることとなります。同意が得られない場合は、再度本人の意向を確認したうえで目標を

修正したり、サービス内容の追記・変更等ケアプランの修正を行い、同意を得るまで説明を行います。そのような状況になることはほとんどありませんが、同意を得られなかった・ケアプラン原案を修正した場合は、その理由や過程について支援経過に残しておきます。ケアプランへの同意日は、介護保険有効期間を超えてはいけないため、介護保険更新に伴う長期目標終了日の前までに済ませることが必要です。家族が急遽サービス担当者会議に参加できないということも想定されるため、**ケアプラン原案を作成する日程については、月末間際ではなく、月の前半等少し余裕をもって設定することが望ましい**です。

Q44 ケアプランの説明・同意日

ケアプラン原案をサービス担当者会議で検討し、内容を一部変更することになったが、説明・同意の日付はいつにすればよいのか?

A **ケアプラン原案を変更し、再度修正した箇所について説明し同意を得た日。**

ケアプラン原案を変更することで想定される内容としては、誤字・脱字、日付間違い、目標設定の変更、サービス内容の追加・修正、サービス提供機関の変更・修正等が考えられますが、その際は作成日とともに速やかに内容について修正を行います。ケアプラン作成後に軽微な変更がある場合はサービス担当者会議開催自体を割愛することができますが、作成日に関してはケアプラン原案に修正を加えた日になり、説明・同意日に関しては、**再度修正箇所についてケアプランの説明を行い、本人・家族・支援者より同意を得た日**になります。サービス担当者会議にて意見や方向性の確認があり、そこで意見のすり合わせを行って修正に至るので、どのように原案を修正したのかについて再度説明は必要です。

Q45 署名は、利用者本人でないといけないか

ケアプランの署名は、利用者本人でないといけないか？ また、家族等が利用者の名前で署名してもよいのか？

A 本人に署名をもらうのが望ましい。

　脳梗塞による麻痺や手指の切断等何かしらの疾患やその他の事情により署名することが難しい場合もあるかもしれませんが、ケアプランは本人が施設でどう過ごしていくか・そのために何を頑張るのかという目標を設定したものであり、本人との契約でもあるため、意識してもらううえでも、**できる限り本人に説明のもと本人に署名をもらうことが望ましい**です。もの忘れがあったとしても、まだ自分の名前を書くことができる・ふだんは箸を落としてしまうけれど、ペンは持つことができる等、本人の新たな能力の発見につながることもあります。ただし、勧めても**自身での署名が難しい場合は、家族や身元保証人に代筆してもらうことも可能です。代筆の際は、本人の名前で書いてもらい、本人署名欄の横に「代筆」と記載してもらう等、誰が代筆したのかわかるようにしておきましょう**。また、握力が弱くて筆記用具が握れない人に対しては、インクの出やすいペンや太めのペン等書きやすい筆記用具を準備したり、漢字ではなくひらがなやカタカナでの署名や旧姓での署名をもらう等、本人の意思のもとで記載した旨を支援経過に記載し、本人の署名とすることもできます。全く署名できない場合は、どのような理由で署名が難しいために代筆したということを支援経過に残しておくことも、根拠を説明するうえで必要です。

スキル
面接力

スキル
質問力

スキル
分析力

ルール
運営基準

ルール
人員基準

ルール
算定基準

定　義

記　載

最適解

連　携

考え方

Q46 安心・安全という記載を避ける理由
ケアプランに、安心・安全は使わないほうがよいと言われたが、なぜか？

「安心・安全」の定義が個人個人で異なるため。

　誰にとっての安心・安全なのでしょうか。何をもって安心・安全と言っているのでしょうか。「安全に過ごせるようにみてほしい」と言われても、本人にとっての安全とは何を指すのか、食事なのか、動作なのか等、その言葉を聞いた人によって解釈が異なります。意向として聴取した際に曖昧な表現がある場合には、「安全に過ごせるというのは、例えばどのようなことをイメージしていますか？」等、心配しているのか・望んでいるのか・不安に感じるのかについて質問を重ねながら確認していくと、本人にとっての安心・安全の言い換えとなる具体的な状況や言葉を聞くことができます。

例）×（本人）施設に慣れて安心したい。
　　○（本人）顔なじみができて、自分から趣味の話題を出して話を盛り上げたい。
例）×（家族）施設でも安全に過ごしてほしい。
　　○（家族）自分の力でベッド柵につかまって車椅子に移ることができるようになってほしい。

　また、表現についても漠然としたものではなく具体的なほうが本人・家族もイメージしやすく、どのようなことを頑張ればいいのか明確になります。専門用語を使わないことはもちろんですが、本人・家族が理解できる言葉を選択し、「～したい」「～になりたい」という意欲的な言葉で表現したり、「～なので困っている」といった困りごとの解決に向けた表現で記載する場合もあります。

Q47 目標の達成期間

目標の達成期間（長期・短期）はどのように定めたらよいか？

A 設定した目標の内容について、どのくらい期間がかかるかにより設定する。

長期目標は1年で短期目標は6か月等と先に期間を設定してから目標を設定していませんか？　期間というのは、本人と一緒に設定した目標がどのくらいの期間・時間をかけて達成できるのかというものです。達成に向けてどのようなサービス内容を実践し、どのくらいの時間・期間が必要なのか等、計画実行にかかる時間の経過であるので、先に期間が定められていること自体が矛盾しています。「6か月で達成できる目標は何か？」ではなく、「それを達成するためには6か月を要する」と考えます。目標達成期間は3か月、4か月になる場合もありますが、あくまでも立てた目標を実施して達成できるために必要な期間とのとらえ方を忘れてはいけません。また、施設に入所したばかりの人の目標が「自宅に戻りたい」等と目標を立ててしまうと達成までにかなりの時間を要することが想像されるので、まずは実現可能なものとして入所した施設内で頑張ることについて目標を立て、身体も気持ちも慣れてから次の目標に対して一つずつ段階を上げていくほうが、本人の意欲低下を予防することにもつながります。

Q48 認定前のケアプラン作成について

新規または更新で、認定結果が出る前にサービスを開始する場合、ケアプランを作成しなくてよいか？

A ケアプランは必ず作成しなければいけない。

施設では居宅とは異なり基本的には「要介護・要支援認定を受けている」人を入居・入所の対象としているため、ほとんどの利用者が何かしらの要介護認定を受けています。そのため、施設サービス

計画書の第1表では通常であれば居宅介護支援事業所や他の介護保険施設の紹介で入所する場合は「紹介」に、すでに当該施設において施設サービス計画書を作成している場合には「継続」に、当該施設において過去に施設サービス計画を作成した経緯がある利用者が一定期間を経過した後に居宅介護支援事業所より紹介を受けた場合は「紹介」「継続」の両方に○をつけて施設サービス計画書を作成します。施設で初めて施設サービス計画書を作成する場合には「初回」に○をつけます。通常は「認定済」の欄に○がつきますが、**新規申請中の場合や、区分変更申請中、介護保険更新手続き中で前回の認定の有効期間を超える場合には「申請中」に○をつけ、その際は要介護度や認定の有効期間・認定日を記載しない施設サービス計画書を作成してサービスを先行して提供し、要介護認定を受けた後に空欄にしていた箇所に必要事項を記入して、再度本人・家族に説明・交付します。**新規で介護申請を行う場合や施設利用を望む場合は、一時的もしくは身体状態の著しい変化・悪化等何かしらの理由により介助が必要と考えて申請をするので、非該当の認定を受けることはきわめて少ないです。

49 ケアプランの軽微変更

ケアプランの軽微変更とは何か？

A 以下のとおりである。

　ケアプランの軽微な変更については、**①利用者の住所変更、②担当ケアマネジャーの変更、③事業所の名称変更、④目標期間の延長やそれを達成するためのサービス内容の変更、⑤サービス提供の曜日や回数の変更、⑥福祉用具の変更があります**[※1]。施設においては、①③④⑤⑥は該当することがありますが、②の施設のケアマネジャーの変更については、「その業務に専ら従事する常勤の者を1人以上配置するもの」と人員基準の解釈通知[※2]で定められており、入所者の数が100人またはその端数を増すごとに1人を標準とすることとなっているため、1人で業務にあたるケアマネジャー

が多く、頻回に起こることはありません。また、ケアプランの軽微変更時はサービス担当者会議の開催を省略することができます。ただし、軽微な変更の内容について解釈を誤ってしまうと罰則を受ける場合もありますので、ケアプランを変更する際は軽微に該当するのかどうか確認が必要です。

※1 「介護保険制度に係る書類・事務手続の見直し」に関するご意見への対応について（平成22年老介発0730第1号・老高発0730第1号・老振発0730第1号・老老発0730第1号）
※2 指定介護老人福祉施設の人員、設備及び運営に関する基準について（平成12年老企第43号）第二の4(1)

スキル 面接力

スキル 質問力

スキル 分析力

Q50 サービス担当者への情報共有
ケアプランに同意を得た後、サービス担当者には何を渡せばよいのか？

A　サービス担当者会議で話し合われた内容についての議事録等を渡すと情報共有しやすい。

サービス担当者会議を開催する際は、その前に本人・家族や担当者にケアプラン原案を配付し、検討する内容についてあらかじめ提示しているため、ケアマネジャーはサービス担当者会議等により担当者から専門的な見地からの意見を求めて調整を図り、複数職種間で直接意見調整を行う必要性を判断します。その後、本人・家族に説明のうえでサービス内容について合意を得て、確定されたケアプランを本人に交付します。施設サービスでは、ケアプランは「遅滞なく入所者に交付しなければならない」と運営基準の解釈通知※で定められていますが、担当者への交付については明記されていません。ただし、施設でのケアマネジメントにおいては多職種との連携が欠かせませんので、**サービス担当者会議に参加できなかった担当者に対して参加者の言葉や話し合われた内容について記録した議事録等の複写を交付すると、どのような話をしたのか把握できてより情報共有や連携が図りやすくなる**でしょう。

※ 指定介護老人福祉施設の人員、設備及び運営に関する基準について（平成12年老企第43号）第四の11(8)等

ルール 運営基準

ルール 人員基準

ルール 算定基準

定義

記載

最適解

連携

考え方

Q51

利用者と家族の意向が違うとき ❗

利用者と家族の意向が違った場合、利用者の意向中心でのケアプラン作成でよいか？

A ケアプランは利用者主体で考えるものであり、本人の意向を尊重する。

　ケアマネジャーには基本理念がありますが、「利用者本位」の視点を忘れてはなりません。施設で生活するのは家族ではなく本人であり、**本人の望む生活を送ることができるように多職種で役割分担をしながら、自立支援に向けて取り組んでいきます。** まずは、**本人がどのような生活を送りたいのか意向・意見を聴取し、** 家族には本人が以前どのような生活を送りたいと話をしていたのか、人生の最終段階としてどのように過ごしたいと話をしていたか等のエピソードについて話を聞き、本人に対する家族の想いや考えについても聞き取りを行って、それらをもとにケアマネジャーの専門的な視点をもって課題分析を行い、ケアプランのニーズを作成します。本人の意思表示が難しく言葉での確認が厳しい場合でも、本人の表情を見てどのようなことを好み、どのようなことが苦手・嫌なのかを察知し、小さな変化も見逃さないように観察力を身につけることが必要です。

Q52

サービス内容の記載 🖊

ケアプランにサービス内容は細かく書いたほうがよいのか？

A 本人にかかわる担当者や、担当者が何をするのかわかるように整理して記載する。

　施設では健康面に関しては医師や看護職員が、生活面の身体的・支援的サポートに関しては介護職員が、本人の機能向上として看護職員や機能訓練指導員、自費利用による通所・訪問リハビリテーションを実施する理学療法士、訪問マッサージを行う鍼灸マッサージ師、金銭的なものや苦情相談、制度に関しては生活相談員が担当する等、**本人が生活するにあたりさまざまな職種が関係していま**

す。どんな職種が何を担っているのかについて本人や家族がわからないということがないようにしなければいけません。また、友人の来訪や地域での趣味活動・サークル等についてもインフォーマルサポートとして位置づけることが大切です。その点を考慮すると、ケアプランに細かくサービス内容や担当者を記載することで、本人がいろいろな人に支えられていると実感でき、安心感の獲得や意欲の向上につなげることができます。

Q53 訪問看護を導入するポイント

訪問看護を導入するポイントは？

 以下のとおりである。

基本的に**心不全・糖尿病・腎臓病の疾患がある利用者、脳梗塞等の既往がある利用者、がんと診断されている利用者、ADL（日常生活動作）低下の利用者、肺炎の既往がある利用者**などは、初めから訪問看護を導入することが望ましいでしょう。

また、**元気がなくなった、食欲が低下している、臥床が多くなった、歩行の変化がみられる、他者との交流をしなくなったなどの変化や、認知症の利用者でBPSD（認知症の行動・心理症状）の症状がひどくなった場合、看取りの支援が必要になったときなども**、主治医との連携も含めて、訪問看護導入のポイントとなります。

Q54 ニーズの優先順位

ニーズの優先順位はどのようにつけるのか？

A **「生命」に関することを基本にしつつ、個別に検討する。**

「生命」に関する医療管理や食事の確保などは、優先順位は高くなりがちです。その他にも、利用者の課題が連鎖的に生じる悪循環の発端や、本人の主訴・本人の意欲が引き出しやすい課題なども優先

順位は高くなってきます。一方で、意図的に本人の関心の高いニーズを優先させることもあり、優先順位の決まりというものはありません。**利用者ごとに異なる個別性の高いものである**と考えましょう。

なお、**優先順位を考える際の参考として、課題整理総括表があります**（表1-4）。課題整理総括表はアセスメントシートではありませんが、アセスメントの実施後、ケアマネジャーの頭の中でプランニングしていることを可視化し、施設サービス計画書第2表の課題や優先順位等を明確にするためのツールとして活用しましょう。

Q55 利用者本人が行っていること
利用者本人が行っていることもケアプランに載せたほうがよいのか？

A 施設においては利用者本人が行っていることの評価が重要である。

施設での生活は、24時間利用者の行動が把握できます。利用者の一日の過ごし方において、例えばグループホームであれば、利用者ができることはやってもらうようにしていますし、それが家事であれば利用者の役割になるでしょう。役割があることで、利用者が「自分がここでは役に立っている」「ここにいていいんだ」と認識し、日々活気のある生活ができます。**利用者ができることをケアプランに載せることで、利用者の意欲や自信につながるケアプランになります。**

また、セルフケアをケアプランに落とし込むことで、利用者の心身の状態がどのように変化していくのかがみえてきます。**より適切な評価をしていくためにも、利用者が行っていることをケアプランに載せておきましょう。**

表 I-4 課題整理総括表の様式

利用者名　　　　殿　　　　　　　①　　　　　　②　　　　　　③　　　　　作成日

自立した日常生活の 阻害要因 (心身の状態、環境等)	①	②	③
	④	⑤	⑥

利用者及び家族の 生活に対する意向	
見通し	
生活全般の解決すべき課題 (ニーズ)【案】	

課題整理総括表

状況の事実 ※1	現在	要因	改善/維持の可能性	備考(状況・支援内容等)
移動	室内移動	自立 見守り 一部介助 全介助		改善 維持 悪化	
	屋外移動	自立 見守り 一部介助 全介助		改善 維持 悪化	
食事	食事内容	支障なし 支障あり		改善 維持 悪化	
	食事摂取	自立 見守り 一部介助 全介助		改善 維持 悪化	
	調理	自立 見守り 一部介助 全介助		改善 維持 悪化	
排泄	排尿・排便	支障なし 支障あり		改善 維持 悪化	
	排泄動作	自立 見守り 一部介助 全介助		改善 維持 悪化	
口腔	口腔衛生	支障なし 支障あり		改善 維持 悪化	
	口腔ケア	自立 見守り 一部介助 全介助		改善 維持 悪化	
服薬		自立 見守り 一部介助 全介助		改善 維持 悪化	
入浴		自立 見守り 一部介助 全介助		改善 維持 悪化	
更衣		自立 見守り 一部介助 全介助		改善 維持 悪化	
掃除		自立 見守り 一部介助 全介助		改善 維持 悪化	
洗濯		自立 見守り 一部介助 全介助		改善 維持 悪化	
整理・物品の管理		自立 見守り 一部介助 全介助		改善 維持 悪化	
金銭管理		自立 見守り 一部介助 全介助		改善 維持 悪化	
買物		自立 見守り 一部介助 全介助		改善 維持 悪化	
コミュニケーション能力		支障なし 支障あり		改善 維持 悪化	
認知		支障なし 支障あり		改善 維持 悪化	
社会との関わり		支障なし 支障あり		改善 維持 悪化	
褥瘡・皮膚の問題		支障なし 支障あり		改善 維持 悪化	
行動・心理症状 (BPSD)		支障なし 支障あり		改善 維持 悪化	
介護力 (家族関係含む)		支障なし 支障あり		改善 維持 悪化	
居住環境		支障なし 支障あり		改善 維持 悪化	

スキル
面接力

スキル
質問力

スキル
分析力

ルール
運営基準

ルール
人員基準

ルール
算定基準

定　義

記　載

最適解

連　携

考え方

Q56 居宅療養管理指導のケアプランへの位置づけ
居宅療養管理指導をケアプランにどのように反映させているのか？

A 指導内容を適宜反映させる。

居宅療養管理指導は、医師、歯科医師、薬剤師、歯科衛生士、管理栄養士が算定でき、それぞれの立場から助言や指導を行います。施設側にとっては、専門職に相談しながら介護の方向性を確認できる安心感があります。

例えば管理栄養士であれば、食べられなくなっている利用者に対して、食形態の工夫や食材の指導、食事時のポジショニングなども助言できますし、薬剤師であれば、薬の形状についてなど、処方されている薬について主治医に言いづらいことの橋渡しもできるでしょう。

指導内容をケアプランに反映させることも検討しましょう。

Q57 家族の意向が強い場合
家族の意向が強い場合、本人の意向・意思をどう守ればよいか？

A 家族へ丁寧な説明を行い、折り合いをつけていく。

私たちケアマネジャーは、**利用者の尊厳を守る**ことが義務づけられています。家族の気持ちも察することはできますが、**家族と利用者の意向が異なる場合には、しっかりとした説明責任がケアマネジャーに求められます。**

例えば、スタッフとしては利用者のADLを向上させるために離床の時間を多くして、トイレまで歩行介助したいと考えており、利用者も歩きたいと思っているが、家族は転倒リスクを回避したいので、臥床させたままでよいと言う場合などは、**時間をかけて家族に説明し、すり合わせることが重要です。**

施設としては、利用者の意向や意思を尊重し支援する責任がある

こと、臥床時間が長いと廃用症候群になる可能性があること、そして、その先の予後予測も丁寧に説明することなどによって折り合いをつけていくことが求められるのです。

Q58 施設入所者のその人らしい生活

施設入所者のその人らしい生活とは何か？それをどうケアプランに落とし込むことができるのか？

A 利用者のパーソナルな部分に焦点をあて、強みや、やっていたことも調べる。

まずは利用者本人のパーソナルな部分に焦点をあてましょう。施設介護は日常生活動作（ADL）のサポートが中心のため、どうしてもその人のADLに注目しがちですが、**生活歴や入所前の生活、特に要介護状態になる前の生活（地域や家族、友人との関係、どんな暮らしや活動をしていたかなど）を調べてみましょう**。社交的だったとか、1人で活動するのが好きだったなど、性格面での特徴もつかみ、やっていたことや長所を抽出することも重要です。料理が得意だった、台所仕事は嫌いだったけれど洗濯は好きだった、舞台をよく観に行っていた、日曜大工を行っていた等、本人の価値観など些細なことからプランニングするのも一つです。認知症で意思疎通が難しい人は、配偶者、兄弟や子ども、親族に聞いてみるのもよいでしょう。医療面やADL等、利用者ができない生活課題を目標に設定するのも間違いではありませんが、**利用者のできることや強みをクローズアップし、例えば以前やっていた家事や園芸等、利用者の意向があれば、それができるようにするために、計画的に支援する方法をプランニングしてみましょう**。

スキル
面接力

スキル
質問力

スキル
分析力

ルール
運営基準

ルール
人員基準

ルール
算定基準

定義

記載

最適解

連携

考え方

Q59 利用者本位と人員の問題

利用者本位を貫いて、入所者全員の思いを聞いてケアプランにすると、人員が追いつかないのではないか？

A 人員配置によってできないサービスはプランニングしない。十分な説明も必要である。

例えば毎日入浴したいという意向があっても、**施設の人員体制によっては難しく、実際に介助を行う人がいなければ、プランニングすることはできません**。ただ、利用者がしたいことに対して、定期的にはできないが、スタッフの配置時間や、人員がいつもよりいる日はできるかもしれないという、可能性も含めての検討は必要です。**検討した結果、断念になった理由が、人員の都合であったとしても、利用者や家族にはできない理由をしっかりと説明することが必要です**。利用者から家族に、勘違いをして事実と違った理由を伝えられて、誤解されることを避けるために、家族にも同じ内容の説明をしておくとよいでしょう。

Q60 施設職員へのケアプランの周知

施設職員がケアプランを理解していないため、日常の世話だけになっている。どうすれば各職種にケアプランを理解してもらい、実践につなげられるのか？

A 施設内研修として、ケアプランを理解してもらう研修を企画することから始める。

施設職員にケアプランを意識してもらうことはとても重要です。**定期的な研修を開催し、理解度を高めていくとともに、毎月のミーティングで事例検討やプランの見直しに関して施設職員も巻き込んで意見をもらい、そのうえでケアプランを作成すると**、職員の意識も変わっていくことが期待されます。

この設問でいえば、「日常の世話」だけではだめな理由を理解してもらう、つまりケアプランの目標達成のために必要な支援を理解し

てもらうことが必要です。そして、毎日の記録の書き方を指導し、目標達成のためにどんなアクションをして、その結果はどうであったかを書き込むことを習慣づけていきます。さらに毎月のミーティングで見直しプランについての意見を職員に求めていくことで、ケアプランへの理解度が高まり、職員自身が支援に意欲を示すようになるでしょう。

Q61 施設サービス計画書のサービス内容
施設サービス計画書のサービス内容には、どこまで具体的な内容を記載すればよいか？

A 利用者の意向や望む生活の実現に必要な個別的な支援やケアの方法を記載する。

サービス内容については、施設サービス計画書の短期目標の達成のために必要なサービスや支援について記載します。短期目標の達成には何が必要で、何に注意や支援の工夫が必要かを考えましょう。

サービス担当者会議で各職種から示された専門的視点からの留意点についても記入しましょう。

施設の介護マニュアルや手順書等で決められた介護や支援の方法が、利用者のサービスに合致している場合があります。その方法や手順でサービス提供が実施されるならば、そこに準ずることを確認し、具体的に記載されていなくても、ケアの実施は可能になります。

しかし、**短期目標を達成するために、利用者個別のケアの方法や担当者のかかわり方を記載することで、統一的なサービスの提供が可能になり、目標達成に近づくことになります。**

利用者の意向や望む生活を実現するために、その利用者にとって個別の支援やケアの方法が明確化されることが必要です。 どの利用者も同じ意向ではありません。また、支援内容やケアの方法も目標に向けたかかわり方には違いがあります。

利用者の個別支援を実現させるために、利用者のことを共通理解し、各職員が同じように支援できるようにするためにも、利用者特有のサービス内容については具体的に記載する必要があるでしょう。

スキル
面接力

スキル
質問力

スキル
分析力

ルール
運営基準

ルール
人員基準

ルール
算定基準

定 義

記 載

最適解

連 携

考え方

Q62 意向の記載について

施設サービス計画書第1表の意向の記載について、どう書いたらよいのか？

A 利用者の代弁者として、さまざまな情報から利用者を理解することから始める。

「利用者及び家族の生活に対する意向」には、施設の利用（入所）にあたって、今後、施設での生活や介護に対して、どのように考え、どのような思いをもっているかが記載されます。利用者、家族が言っていることは大事な思いです。そのまま記載することも大事ですが、**利用者および家族が表出している内容を簡潔にわかりやすく、まとめて記載する**ことで、利用者にかかわる人たちに伝わることが大切です。施設サービスの利用者のなかには、自ら意向や思いを表出できない人も多くいます。そのときは、家族から聞き取ることで、利用者本人の意向を確認することもできるでしょう。これまで生活をしてきたなかで、何を大事にし、どのような生活を望んでいたかを聞き取ることで、利用者の思いを汲み取ることができるでしょう。

アセスメントを実施したなかで、利用者、家族が気づいておらず、表出できていない、課題抽出にあたって大事なポイントをケアマネジャーとして代弁できると、利用者の理解につながります。

Q63 認知症があり意向を表明できない場合

認知症があり意向を表明できない場合、ケアプランの生活に対する意向はどのように確認し、記載すればよいか？

A 生活歴や家族からの情報で、その人らしさを推し測る。

重度の認知症利用者の意向を確認することは難しいことです。利用者本人が発言している内容をケアプランに記載することは必要でしょう。どのような状況で発言しているかも補足しておくとよいでしょう。

しかし、**明確な意向を確認できない場合は、家族からの聞き取**

りで利用者本人の意向を汲み取ることもできるでしょう。これまでの生活歴のなかから、利用者本人が大切にしてきた生活の仕方やどのような希望をもっていたのかを聞くことが大事です。利用者本人がかつて語っていた家族への思いや生活ぶり、性格や得意なこと、趣味や社会での役割等から、これからの介護や生活に対する意向を推し測ることになります。

例えば、「今後の施設での生活や介護に対する明確な意向は示されませんでした。友人も多く、ご近所のお付き合いも多かったそうで、友人や知人とお話しすることを楽しみにされていました。いろいろな人との交流やお話ができることが、今後の施設での生活に必要と思われます」などと記載するとよいでしょう。

スキル
面接力

スキル
質問力

スキル
分析力

ルール
運営基準

ルール
人員基準

ルール
算定基準

定　義

記　載

最適解

連　携

考え方

Q64 意思疎通ができない人のニーズ
重度の認知症など、意思疎通ができない人の、ニーズの出し方はどうすればよいか？

A 十分な観察と、現場スタッフ複数名で情報を出し合う。

言葉は交わせても、こちらの言っていることが理解できなかったり、利用者の発言が意味不明で会話が成立しないことがあります。ニーズに関してはADL関連、医療面の領域以外もあげたいところです。それには**かかわりのなかから、利用者からの理解できる言葉やできない言葉、また言葉をかけたときや、自らの行動時でのしぐさや表情等、その人にとって「快」なのか「不快」なのかも含め、注意深く観察することが重要です。自分だけの思い込みもあるので、複数の職員で観察した内容や個人の見解を含め、カンファレンスで情報を出し合いましょう**。このレクリエーションだと笑顔が多く見られる、ほかの利用者を手伝おうとしていた等、現場から数多く情報を取り寄せながら、一緒にニーズを導くのもよいでしょう。**家族からも、認知症になる前はどんな生活をしていたのか、どんな性格だったのか、アセスメント時に情報収集しておく**ことも有効です。

Q65 入浴とケアプラン

入浴を嫌がる人に、清潔保持として入浴をケアプランに位置づける必要はあるか？

A BPSDへの対策は一つの方法だけでなく、代替案も含める。

認知症のBPSDの症状から入浴を嫌がる人で、例えば、アセスメントの結果により、清潔を保持することが課題にあがった際は、<u>ケアプランのニーズとしての位置づけは必要です</u>。ただ、<u>その方法（サービス内容）が入浴だと本人に応じてもらえないことであれば、ほかの代替方法も探る必要があります</u>。例えば清拭やまめな更衣、場合によっては、行う場所がトイレになるかもしれません。<u>方法は現場スタッフ間のカンファレンスで随時話し合いながら、ケアプランに落とし込み共有しましょう</u>。またチームケアとして、家族も含めた多職種間でのサービス担当者会議でも、都度方針や方向性を検討しながら共有することが必要です。また、浴室の環境が自宅とは違うことから、「入浴する場所」という認識がない場合もあります。自宅で使い慣れていた洗面器や浴用タオル・シャンプーなどを用意することで、入浴できる場合もあります。入浴に限らず、BPSD症状の強い人へは、精神科の医療も含め、どうすれば本人に不快なく、適した生活を送ってもらえるのかを、日々観察しながら、随時検討することが必要です。

Q66 食事形態が変わったとき BEST!

食事形態が変わった際は、ケアプランの変更が必要か？

A なぜ変更になったのか要因をとらえ、管理栄養士等とプランニングする。

まずは食事形態を変更するに至った要因として、例えば嚥下状態の悪化なのか、咀嚼力や歯の状況等、口腔内の問題なのか、または風邪をひいて寝込んだのか、本人の嗜好や食材などによる一時的なものなのか、管理栄養士等の専門職とともにとらえましょう。食事

摂取は日々の栄養状態に直結するので、日常生活で重要な項目です。疾病や体調悪化などで、回復するまでの間の一時的なことであれば変更は必要ないと思われますが、ニーズや目標が、口腔内の治療など、計画的に元に戻すことであったり、誤嚥のリスクが高くなり、誤嚥を防止するなど、今後の生活に支障をきたすことであれば、多職種（主治医や歯科医師、看護師等）も交えたサービス担当者会議を踏まえ、ケアプランの変更が必要です。

Q67 ケアプラン管理表

ケアプラン管理表はどのようなレイアウトを使っているか？

A 表計算ソフトなどを活用する。

表計算ソフトなどで、施設入所日やケアプランの更新日などを記録しておきます。また、サービス担当者会議の開催予定日や入退院の予定日なども記載しておくことで、運営基準のチェックにも活用することができます。

Q68 看取り期にある人のケアプラン BEST!

看取り期にある人のケアプランはどのようにつくればよいか？

A 最期のときが急にきてもあわてずに支援できるケアプランをつくる。

何より**本人の意思、家族の意向が反映されていることが重要です**。ケアプランを作成するにあたっては、**延命処置（DNAR）をどうするかも含めて、事前にアドバンス・ケア・プランニング（ACP）の話し合いをしておくことも必要でしょう**。そのうえで、主治医や看護師などの医療職と連携を図り、現在の体調、既往歴等から予後予測をしていきます。ケアプランには、利用者・家族の意向を踏まえ、残された時間をどのように過ごしたいかを優先しながら、必要な医療処置・安楽に過ごせる環境の整備や清潔のケアなど、

スキル
面接力

スキル
質問力

スキル
分析力

ルール
運営基準

ルール
人員基準

ルール
算定基準

定義

記載

最適解

連携

考え方

利用者の状態に合わせて作成していきます。しかし、病状は日々変わったり、利用者・家族の意向も揺れ動き、変わることがありますので、期間は長く設定せず、細やかに見直していきましょう。特に施設サービス計画書第1表には、危篤になった際の家族の希望や施設の対応・動きが把握できるような記載が望ましいでしょう。

Q69 栄養ケア計画書、機能訓練計画書、施設サービス計画書

栄養ケア計画書、機能訓練計画書、施設サービス計画書を1枚にまとめてしまってもよいか？また、期間はどのように記載するのか？

A 1枚にまとめて構わない。期間は栄養ケア計画書に合わせて3か月サイクルとなる。

取得する加算にもよりますが、栄養ケア計画書は3か月サイクルとなり、そこに機能訓練計画書、施設サービス計画書を合わせて三位一体とすると、期日が短いものに合わせることになります。各専門職の連携が必須となりますが、コンセンサスはとりやすくなるでしょう。

Q70 褥瘡ケア計画書の更新

褥瘡がある場合のケアプランは、作成後どのタイミングで更新するのか？

A 褥瘡の回復状況に応じて更新する。

介護老人福祉施設、地域密着型介護老人福祉施設入所者生活介護、介護老人保健施設、介護医療院においては、褥瘡マネジメント加算（介護医療院は褥瘡対策指導管理という）が算定できます。入所時に褥瘡のある・なしにかかわらず、医師、看護師、管理栄養士、介護福祉士、ケアマネジャー等が共同して褥瘡発生のリスクについて評価（既入所者については、入所時の記録に基づき入所時のリスクを評価）して褥瘡ケア計画書を作成し、LIFEに情報を入力します※。

褥瘡ケア計画書には、圧迫やズレの排除、スキンケア、栄養状態

改善等について記載する項目があり、**傷の回復状況に応じて見直しを行い、少なくとも3か月に1回は危険因子の評価や褥瘡の状態を評価し（DESIGN-R®2020等）LIFEに情報を入力します**。

褥瘡の回復の経過や期間は個々で異なるので、栄養状態の改善や処置内容の変更、使用している福祉用具の変更等援助内容が変更になった場合は、随時見直しが必要です。ケアプランには長期・短期目標やサービス内容にこういった褥瘡ケア計画書の内容も含まれるため、モニタリングの際には褥瘡ケア計画書の進行状況についても確認・評価し、**状態の回復・悪化等があれば随時ケアプランを修正・更新する必要があります**。

※ 科学的介護情報システム（LIFE）関連加算に関する基本的な考え方並びに事務処理手順及び様式例の提示について（令和6年老老発0315第4号）

Q71 看取りケア（同意取り交わし）の更新頻度 BEST!
看取りケア（同意取り交わし）のケアプランはどのような頻度で更新すればよいか？

　利用者の身体状態の変化があれば、随時更新する。

看取りケアにおいては、本人や家族の同意（書面等）を得たうえで、看取りの状態を医師や家族、関係者と共有します。また、本人が残りの時間をどのように過ごしたいのか、何をしたいのか、どうしてほしいのか等の意向を聴取して、ケアに関するサービス内容や目標をケアプランに記載します。看取りに該当する状態としては、食事がとれなくなって徐々に全身状態の低下がみられたり、緩やかに低下するものの最期に痛みを伴うなど、症状の進行や出現状況はまちまちですので、**ケアプランの見直しの頻度は入所者の状態によりさまざまです**。状態が日々刻々と変化する人もいれば、比較的緩やかな進行の人もいるので、**医療職と密に連携をとり、変化のタイミングを見逃さないようにします。特に、苦痛（痛みや呼吸苦等）の緩和については速やかに対応する必要があります**。

残された時間の過ごし方を表現する方法として、アドバンス・ケア・プランニング（ACP）＝「人生会議」と呼ばれるものがありま

す。本人が大切にしていることや望み、どのような医療ケアを望むのか等について考え、その内容を把握した家族、医療やケアチームが繰り返し話し合いを行います。可能であれば、できるだけ早めに人生の最終段階について「自分はどのように過ごしたい」など、本人の気持ちを聞いて関係者で共有しておくことで、家族も本人の最期の時間を迎えるにあたり、心の準備や気持ちの整理をする時間をつくることができます。

Q72 加算の算定の記載

加算の算定があるときには、どのようにケアプランに記載すればよいか？

A 利用者全員に対してケアマネジメントの一環として実施するものに関しては、ケアプランに記載する。

施設の加算の一部に、生産性向上推進体制加算やLIFE関連加算等、施設が事業所として従業員の資質向上や施設の設備等体制について画一的に取り組みをするものがあります。介護サービスを提供する「事業所」として対応するため加算についてはケアプランには記載しませんが、**本人が施設で生活するにあたり、利用者全員に対して個別に実施する加算（栄養マネジメント強化加算や看取り介護加算等）に関しては、施設サービス計画書第2表のサービス内容において具体的な対応について記載します。**

個別機能訓練加算については、特定施設入居者生活介護や指定施設サービス等におけるリハビリテーションが該当しますが、在宅復帰を想定して提供することが基本であり、目標設定等においてケアプランとの協調・整合性を保つ必要があります。ただし、リハビリテーション計画を作成していれば、ケアプランのリハビリテーションと重複する内容に関しては省略しても問題はありません。

Q73 短期入所のケアプラン

短期入所のケアプランもケアマネジャーが作成するのか？

A **ケアプラン作成は管理者が行うが、生活相談員との連携も大切。**

本入所のケアプラン作成と短期入所のケアプラン作成では、作成するにあたっての情報収集が異なり、短期入所では居宅ケアマネジャー、在宅で支援している家族、入所調整を行っている生活相談員などとの連携が必要です。在宅での支援方法と施設での支援方法が大きく異なると、ショートステイ終了後の在宅生活に支障をきたすこともあるため、本人、家族、居宅ケアマネジャーの意向を把握し、施設での支援を生活相談員と共有していくことが大切です。

Q74 入所日のケアプラン

入所日のケアプランは暫定であるが、そこからどのくらいの期間で本プランにしているのか？

A **暫定プランは必要ではない。**

入所日であっても施設サービス計画書に沿ったサービスが提供される必要があるため、施設サービス計画書の内容について利用者および家族に説明し同意を得る必要があります。したがって、入所日から暫定プランではなく本プランが必要です。ただし、入所してからある程度の期間を経て、アセスメントを行ったうえで施設サービス計画書を見直す必要はあるでしょう。そういった意味合いで「暫定プラン」という表現をするのであれば、**おおよそ1か月以内には本プランに切り替える必要があります。**

スキル
面接力

スキル
質問力

スキル
分析力

ルール
運営基準

ルール
人員基準

ルール
算定基準

定　義

記　載

最適解

連　携

考え方

Q75 退院時点のケアプラン

退院した時点でケアプラン作成となるが、その際は暫定とするのか？ また、期間はどの程度にしているのか？

A 退院時の体調や入院期間、状況によって検討する必要がある。

入院すると介護保険のサービスがいったん中止となり、再入所時にアセスメントの実施が必要です。その結果、サービス内容に変更がなくとも新規のケアプラン作成は必要になります。退院日にサービス担当者会議を開催して、変更なしを確認するなど、ケアプランの内容に根拠を示すよう意識し、現場のスタッフが現在の状態を把握したうえで、本人・家族が安心して退院後の生活を再スタートできるように考えていきます。入院したことで状態が大きく変わり、一時的に状態を確認するまでの短期的（1か月以内）なケアプランについては、暫定として作成する場合があります。

Q76 施設サービス計画書の書式

施設サービス計画書（第1表～第6表）は、どのような書式、内容が必要か？

A 以下の表のとおりである。

表1-5　施設サービス計画書標準様式及び記載要領

	必要項目
第1表 施設サービス計画書（1）	① 初回・紹介・継続（いずれかに○） ② 認定済・申請中（いずれかに○） ③ 利用者名 ④ 生年月日 ⑤ 住所 ⑥ 施設サービス計画作成者氏名及び職種 ⑦ 施設サービス計画作成介護保険施設名及び所在地

	⑧ 施設サービス計画作成（変更）日 ⑨ 初回施設サービス計画作成日 ⑩ 認定日 ⑪ 認定の有効期間 ⑫ 要介護状態区分 ⑬ 利用者及び家族の生活に対する意向 ⑭ 介護認定審査会の意見及びサービスの種類の指定 ⑮ 総合的な援助の方針	
第2表 施設サービス計画書（2）	① 生活全般の解決すべき課題（ニーズ） ② 目標（長期目標・(期間)・短期目標・(期間)） ③ 援助内容（サービス内容・担当者・頻度・期間）	
第3表 週間サービス計画表	利用者の日常生活や施設サービスの週間計画 ※第4表とどちらかを作成していれば可	
第4表 日課計画表	利用者の日常生活や施設サービスの日課計画 ※第3表とどちらかを作成していれば可	
第5表 サービス担当者会議の要点	① 利用者名 ② 施設サービス計画作成者（担当者）氏名 ③ 開催日 ④ 開催場所 ⑤ 開催時間 ⑥ 開催回数 ⑦ 会議出席者（所属（職種）・氏名） ⑧ 検討した項目 ⑨ 検討内容 ⑩ 結論 ⑪ 残された課題（次回の開催時期）	
第6表 施設介護支援経過	モニタリングによる、施設サービス計画書の目標に対する達成度、計画の変更の必要性など	

スキル 面接力

スキル 質問力

スキル 分析力

ルール 運営基準

ルール 人員基準

ルール 算定基準

定　義

記　載

最適解

連　携

考え方

※ 介護サービス計画書の様式及び課題分析標準項目の提示について（平成11年老企第29号）
2 施設サービス計画書標準様式及び記載要領（別紙2）

5 サービス担当者会議

サービス担当者会議

第1章 施設ケアマネジメント総論編

Q77 サービス事業者の参加について

サービス担当者会議には全職種を招集しなければならないのか？

A 原則、全職種の招集が必要。参加が困難な際は会議の当日までに照会し、サービス担当者会議で共有する。

　運営基準では、「計画担当介護支援専門員は、サービス担当者会議（入所者に対する指定介護福祉施設サービスの提供に当たる他の担当者を招集して行う会議（テレビ電話装置等を活用して行うことができるものとする。ただし、入所者又はその家族が参加する場合にあっては、テレビ電話装置等の活用について当該入所者等の同意を得なければならない））の開催、担当者に対する照会等により、当該施設サービス計画の原案の内容について、担当者から、専門的な見地からの意見を求めるものとする」とあります※。

　開催にあたっては、原則、全職種を招集する必要がありますが、日程調整を行ったうえで、参加が困難だった際は、会議の当日までに照会し、サービス担当者会議でそれを共有する必要があります。

※　指定介護老人福祉施設の人員、設備及び運営に関する基準（平成11年厚生省令第39号）第12条第6項

Q78 ケアプラン原案の事前送付 BEST!
サービス担当者会議に参加できない担当者へケアプラン原案を事前に渡しておくほうがよいか？

A 配付して目を通してもらったうえで、内容確認の照会が必要。

ケアプランの確定は、利用者や家族から同意のサインをもらった時点で成立します。成立前はあくまでも計画確定前の原案です。ケアプランの作成にあたっては、事前に利用者や家族、サービス担当者に確認しながら、合意形成ができているはずなので、サービス担当者会議はそのケアプランのチームでの最終的な確認と微調整、利用者や家族の同意・サインへとつながります。各担当者からは、あらかじめ原案に目を通してもらったうえで意見を述べてもらうことから、**そのもととなるケアプラン原案の事前配付は必須です。参加できない担当者にも、会議の議題（例えばケアプランの内容確認や検討事項等）に関する照会を行うために配付をしましょう。**

Q79 サービス担当者会議の後日開催
サービス実施前にサービス担当者会議の日程調整ができない場合、後日でもよいか？

A 可能な限りサービス実施前が望ましい。実施できない場合は後日行い、その理由を記録しておく。

入所の際は、事前に契約、入所後の説明を終え、ケアプランを実施するにあたり、施設内の担当する各職種が参加してサービス担当者会議を実施し、合意形成を踏まえたうえで、入所後のサービスがスタートします。**入所前にどうしてもサービス担当者会議が開催できない場合は、可能な限り速やかに開催します。** サービス担当者会議はケア内容を検討するだけでなく、その内容についての質問や説明を尽くして、チームで確認、共有し合う場でもあるので、速やかに開催し、チームケアとしての支援を心がけましょう。

 スキル 面接力
 スキル 質問力
 スキル 分析力
 ルール 運営基準
 ルール 人員基準
 ルール 算定基準
 定　義
 記　載
 BEST! 最適解
 連　携
考え方

Q80 サービス担当者会議への医師の参加

サービス担当者会議には、医師の参加は必須か？

A 可能な限り参加してもらうのが望ましい。

サービス担当者会議は、ケアプランに記載されたサービス担当者がチームケアとして実施するための会議なので、参加依頼を行う必要があります。**医療分野で一番かかわりが深い主治医などは、現在の病状や今後の予後予測を含め、療養上の留意点などを共有するためにも、可能な限り参加が望ましいでしょう。**

Q81 ケアプランに位置づけた事業者の参加

ケアプランに位置づけた居宅療養管理指導の事業者のサービス担当者会議への参加は必須か？

A 参加が基本ではあるが、照会でも可。

居宅療養管理指導は介護保険の制度であり、対象となるのは要介護1～5の認定を受けている65歳以上の人や、第2号被保険者です。要支援においては、介護予防居宅療養管理指導となります。どちらも介護保険制度を利用しており、医師、歯科医師、薬剤師、歯科衛生士、管理栄養士により指導を受けた内容や情報はケアプランにも反映させて共有する必要があるので、会議への参加を呼びかける必要があります。ただし、医師、歯科医師は診察等の日常の業務があり、薬剤師も調剤等の通常の業務があり、サービス担当者会議に参加できないことも考えられるので、その際は事前に照会を送ることで意見聴取を行い、サービス担当者会議の場でも利用者本人や家族、関係者間で意見共有を図ります。

Q82 サービス担当者会議に家族が不参加の場合 BEST!

開催日の日程調整を行っているが、キーパーソンの家族の参加が困難となった。
家族不在のもとサービス担当者会議を開催することは可能か？

スキル
面接力

スキル
質問力

スキル
分析力

A 多職種と顔を合わせる貴重な場面でもあり、参加が望ましいが、困難な際は事前の意見収集が必要。

まずは、サービス担当者会議に関して、判断能力に問題がない利用者においても、関係性の部分から本人が断らない限り、家族や親族、後見人による第三者には可能な限り参加してほしい旨の説明を、入所前の契約時等に説明しておきましょう。利用者個別の支援内容や生活上の課題点など、利用者や家族と直接顔を合わせて確認・相談できる貴重な場面です。後々、そんな話は聞いていない、知らなかったといったことにならないようにしておく点にも留意し、<u>可能な限り参加できるような調整を試みましょう</u>。

最近はコミュニケーションアプリのビデオ通話機能やWeb会議サービスなど、参加手段も多様になっています。また、ケアプラン原案を確定する会議であれば、あらかじめ原案を閲覧してもらい、同意の確認を取っておくことも必要です。ただ、<u>最終的に不参加となった際は、事前に電話やメール、面会やFAX等で会議内容の説明を行い、内容に対しての意見を収集し、会議当日に家族からの意見として、参加者に報告します</u>。会議当日に出た、説明内容以外の事柄や、新たに課題が生じた際は、改めて家族に報告し、確認するとよいでしょう。

ルール
運営基準

ルール
人員基準

ルール
算定基準

定義

記載

BEST!
最適解

連携

考え方

Q83 頻度が少ないサービス事業者の参加 BEST!

通院等乗降介助など、使用頻度が少ないサービス事業者はサービス担当者会議に呼ばなくてもよいか？

A 頻度にかかわらず召集し、参加を促す。

サービス利用の頻度にかかわらず、入所者・入居者に対して必要なサービスとしてケアプランに位置づけているのであれば、関係者としてサービス担当者会議への参加を促すことは必要です。本人の施設内での様子と通院等外出時の様子が異なる場合もあるので、かかわるスタッフから本人の受診時の様子等を聴取しておき、状況によってはその内容についてもケアプランに反映します。参加できない場合でも意見照会する等利用状況についての情報を得るようにして、サービス担当者会議の場で情報共有します。

必須ではありませんが、サービス担当者会議後は、話し合われた内容について関係者に書面や連絡等で報告することにより、本人に対しての情報がより共有しやすく、連携も図りやすくなります。

Q84 インフォーマルサポートのサービス担当者会議への出席 BEST!

ケアプランにインフォーマルサポートや、介護保険以外のサービスを記載した場合、サービス担当者会議に毎回その関係者（民生委員等）を呼んで会議を行わないといけないか？

A 参加の義務はない。利用者や家族から承諾されれば可能。

運営基準では、「施設サービス計画に関する業務を担当する介護支援専門員は、施設サービス計画の作成に当たっては、入所者の日常生活全般を支援する観点から、当該地域の住民による自発的な活動によるサービス等の利用も含めて施設サービス計画上に位置付けるよう努めなければならない」とあります※。例えば、ボランティア、サークル、友人や知人等、専門職以外のインフォーマルサポートが

ケアプランに位置づけられる場合があります。会議の参加には専門職は必須ですが、**インフォーマルサポートには参加の義務はありません**。ただ、画一的にならない施設生活を送るうえで、ケアプランに位置づけたことを踏まえると、インフォーマルサポートの領域から直接意見を述べてもらったり、その利用者のサービス状況を理解してもらうことも必要でしょう。また、施設内全体の活動やケアの状況を外部に開示できる手段でもあります。サービス担当者会議の目的を説明し、参加者には守秘義務の同意をもらい、利用者や家族に、病気等のプライバシーにあたる部分も共有されてしまうことも説明したうえで参加が承諾されれば、参加することは可能です。

※ 指定介護老人福祉施設の人員、設備及び運営に関する基準(平成11年厚生省令第39号)第12条第2項等

Q85 サービス担当者会議の要点の記載
「サービス担当者会議の要点」には何を書けばよいのか?

 記載方法の原則はない。項目内容に沿って記載する。

制度上、サービス担当者会議の記録は、「サービス担当者会議の要点」(第5表)へ記載する義務はなく、支援経過記録への記載も可能です。ただ、それには日時、開催場所、出席者(欠席者も含む)の記載は必須となります。第5表の様式から、**「会議出席者」「検討した項目」「検討内容」「結論」「残された課題(次回の開催時期)」**となっていますが、議事録の用途としては、利用者や家族も含め、ケアチーム全体で共有できる内容になっているかが大切です。「会議出席者」では、欠席者の記載も必要です。出席できなかった理由も記載しましょう。「検討した項目」は、今回の会議の目的として、更新にあたっての会議、またはサービス変更や追加の会議等、何のための会議かを記載します。「検討内容」は、当日話し合われた内容のまとめを記載するのもいいですが、各担当者の発言をそのまま要約し、記載してもよいでしょう。欠席者の意見照会への回答も、依頼した月日とともに記載します。「結論」では、検討内容に対して、利

スキル
面接力

スキル
質問力

スキル
分析力

ルール
運営基準

ルール
人員基準

ルール
算定基準

定義

記載

最適解

連携

考え方

069

用者や家族、参加者がケアプランの内容や会議で検討した内容に関し、同意した（サインをもらった）か否か、欠席した担当者や家族へのケアプランの交付、さらには会議で新たに決まったことや、役割分担について記載します。「残された課題（次回の開催時期）」に関しては、新たに課題が生じた際、解決に向けての今後の予定等を記載し、次回の会議日程が明確になっていれば併せて記載します※。いずれにしても、だらだら長く記載するのでなく、**ポイントを絞ったうえで簡潔に記載し、各担当者へ内容を共有する目的で議事録を交付するのが望ましいでしょう**。

※ 介護サービス計画書の様式及び課題分析標準項目の提示について（平成11年老企第29号）

Q86 サービス担当者会議の参加者から意見が出ない場合

サービス担当者会議の参加者に意見を求めても「特に大丈夫です」と言われたときはどうすればよいか？

A 参加者から意見を引き出しやすい進行を心がける。

サービス担当者会議を円滑に進めるために、会議の進行は重要です。会議の時間設定を明確にし、発言も特定の担当者に偏らないように配慮しながら進行します。そのためにも、**あらかじめ議題や進行内容を伝え、当日特に伝えてほしいポイント等を事前に話しておきます**。それでも会議当日、例えばケアプランのサービス内容だけをそのまま読んで終わった場合は、その内容に関して「ということは○○という理解でよろしいでしょうか？」等、利用者や家族の視点に立ったうえで、**担当者が答えられるような内容を具体的に質問しましょう**。また、「特に問題なく、状態は安定しており、大丈夫です」など簡単な返答で終わった場合は、状態が安定していると考える理由を確認してみてもよいでしょう。

Q87 介護職の発言を促す

サービス担当者会議では、看護師の意見が強く、介護職が黙ってしまう傾向がある。専門職として同等に意見を述べてほしいが、どう進行すればよいか？

A 進行役のケアマネジャーの腕の見せどころ。

看護師がイニシアティブをとりがちなので、**介護職も専門職だということの意識づけが必要です**。そして、お互いが尊敬できるチームの一員として、議論と情報共有ができるように信頼関係を構築することが大切です。

ケアマネジャーとしては、**医療の部分については看護師に意見を求め、ケアについては介護職に意見を聞くようにします**。また、事前に、どのようなことを話してほしいか、ケアマネジャーがそれぞれの職種に、根回ししておくことも大切です。一番利用者と接しているのは介護職だと認識してもらえるような進行を心がけましょう。

Q88 サービス担当者会議に人を出せないと言われた場合 BEST

介護主任から、サービス担当者会議に人を出せないと言われた。どうすればよいか？

A サービス担当者会議の目的や意義を伝えたうえで、照会を行う。

施設は、現場スタッフ間で、ケア内容に関する問題点や改善策を、その場で検討し確認する「ケアカンファレンス」がすぐにできる環境で、それで事足りていると思われがちです。そもそも、現場スタッフは**サービス担当者会議を開く目的**を理解できているでしょうか？ サービス担当者会議は、ケアマネジャーが主催し、「担当者」すなわち職種の代表者に、専門的な見地からの意見を発信してもらい、利用者や家族も参加し、現状の確認や情報共有、ケアプランの検討を行う場です。ケアマネジメントプロセスの一環で、運営基準

スキル
面接力

スキル
質問力

スキル
分析力

ルール
運営基準

ルール
人員基準

ルール
算定基準

定義

記載

最適解

連携

考え方

にも定められており、実地指導でも確認される事項です。まずは、**なぜ行うのか、行わなければならないのかを十分に説明しましょう**。そのうえで、参加が困難な場合は、照会等により専門的な見地からの意見を求めましょう。

　なお、具体的な方策として、人を出せない理由が業務の忙しさということであれば、入浴介助や食事の前後などのあわただしい時間を避けたり、「30分で終わらせる」などの開催ルールを決めるといったことを、介護主任やほかのスタッフも交えて検討してみましょう。

Q89 意思疎通ができない利用者の参加

認知症で意思疎通ができず、理解力が低下した人もサービス担当者会議に参加してもらわないといけないのか？

A　参加することを前提で検討する。利用者の代弁者としての立場を貫く。

　基本的に**BPSD（認知症の行動・心理症状）の症状が出ない限り、参加したほうがよいでしょう**。例えばケアプランの内容をすべて理解できないにしても、目標やサービス内容の説明で、「できるだけトイレは歩いて行きませんか？」「体操にも参加しましょうよ」等、ふだんかかわっていることについては、内容を一部理解できることがあるかもしれません。また、内容は理解できなくても、自分のことを話されているという感覚になってもらうだけでも参加する意義があります。ただ、ふだんの生活の報告や認知症の症状による行動等、本人にあまり聞かれたくない事柄は、内容をまとめたうえで、本人に途中退席してもらった後に、改めて家族や参加スタッフ間で情報共有することも必要です。サービス担当者会議は多職種間の代表の話し合いで、ケアマネジャーはそれぞれの意見の調整を行いますが、できるだけ**認知症の利用者の代弁者**であることが必要です。

Q90 サービス担当者会議の議題 BEST!
サービス担当者会議の議題、内容はどのように決めたらよいか？

A 関係者全員が共通の理解をもって連携できる体制を整えられるような内容にする。

　本人、家族に現在の気持ちを聞き、可能であれば本人から施設での生活を言葉で伝えてもらいます。課題があればそれを議題にし、特に課題がなければ、生活の様子、活動内容、体調や生活の変化、生活上の課題、その課題への現在の対応、医療的視点からの報告等を議題として進行します。また、居室内環境についてや、家族に協力してほしい内容など、家族が知らない状況も把握してもらえる議題を設定してもよいでしょう。

Q91 サービス担当者会議における写真や動画の使用 BEST!
サービス担当者会議の際、写真や動画などのツールを使用してよいか？

A 使用することで理解が促進されるが、説明と同意は必要。

　活動時の画像や動画を共有することで、家族や関係者と情報の共有を図ることができます。よい画像はプリントアウトやデータを家族にお渡しすることで、遠方の親戚にも状況を伝えることができます。**個人情報であるため、本人に撮影することへの許可をとり、使用目的を必ず伝えるようにしましょう**。また、LIFEを算定し、データをとっている施設であれば、効果のあった項目や効果が低かった項目を明確にするために、数か月単位のデータを比較してグラフ化して見せるなどもよいでしょう。

スキル
面接力

スキル
質問力

スキル
分析力

ルール
運営基準

ルール
人員基準

ルール
算定基準

定義

記載

BEST!
最適解

連携

考え方

Q92 サービス担当者会議への医師の参加や意見聴取 BEST!

サービス担当者会議への医師の参加や意見聴取について、どうすればよいか？

A 診療への立ち会いや書面での照会等により聴取する。

施設で本人の体調管理をするうえで、医師の診察は必要です。施設によって医師が常勤の場合と、嘱託で自身のクリニックから診察に来る場合があり、患者を抱えているので診察時間も限られてしまいます。時間を有効に使うために、診療時に立ち会って日程を調整したり、あらかじめ医師の参加できる時間帯を電話やFAX等で確認しておき、並行して本人、家族にも予定を確認して、サービス担当者会議の日程を設定します。**助言がほしい事項や質問・確認したい事項については、事前に書面にまとめると、医師の限られた時間を無駄にすることなく効率よく意見を聴取できます。**また、医師が参加できない場合は、本人のふだんの生活状況を簡単に書面にまとめた情報をもとに生活上の注意点などについて確認します。意見の照会書類は、ケアプラン原案とともに直接手渡しする場合や、郵送・FAXする場合がありますが、個人情報の取り扱いについては十分な注意が必要です。ケアプランの意見確認・照会書類は、サービスの妥当性など自分で確認する項目を書面にまとめてひな形を作成しても構いませんが、多職種連携ツールといった地域のケアマネジャーの連絡会等で作成している書式を使用できる場合があるので、活用することも一つの手段です。

Q93 施設内の部門間での意見の違い BEST!

施設内の部門間でサービス提供についての意見の違いがある場合はどうしたらよいか？

A 利用者にとって何がベストなのかを考える。

部門間での意見の違いはあっても、それぞれが利用者のことを考えているはずです。**お互いに否定はせず、なぜそのように考える**

のか、どうしてそのサービスが必要（または不要）なのかを確認したうえで、部門間の意見を調整しましょう。あくまで**主体は利用者**です。利用者本位、自立支援の視点を忘れずに、利用者（あるいは家族）の意向を確認しながら、身体状況やADL（日常生活動作）、疾患、年齢や生活歴なども考慮し、利用者の状態に合わせたサービスを提供していきましょう。

6 モニタリング

Q94 利用者の状態に変化がない場合のモニタリング
サービス担当者へのモニタリングは、利用状況が変わらなければ、特に必要ないか？

A 利用状況の変化がなくてもモニタリングは必要。

モニタリングは、ケアマネジメントのPDCAサイクルにおける「Check」の役割を担います。施設サービス計画に位置づけられたサービスが実行されているか、目標に対する達成度、計画の変更の必要性などを評価します。そのため、**利用者の利用状況が変わらない場合においても、モニタリングは定期的に実施し、記録を保管する必要があります**。

Q95 利用者から口止めされた場合
モニタリングでサービスに関する不満を聞いたが、利用者は担当者には伝えないでほしいと言う。どうしたらよいか？

A 利用者の声に耳を傾ける。

まずは、利用者がどのような不満を抱え、その不満に対してどうしてほしいのか、なぜ担当者には伝えてほしくないのか、などを利用者や家族に確認することが大切です。そのうえで、**その問題を解決するうえで担当者に伝える必要があると判断した場合、利用者および家族にその旨を伝え、担当者への伝え方や不満解消へ向け**

てどのような方法をとるかなどを十分に説明し、**担当者へ伝えることの了承を得ましょう**。また、その後のプロセスや結果についても利用者および家族へ報告するとともに、また同じような不満が生じないように、解決に至るまでの対応について記録を残すことも大切です。

Q96 毎回同じことを何度も話す利用者
毎回同じことを何度も話すため、聞きたいことが聞けず、伝えたいことが伝えられずに困ってしまう。

 対話の姿勢を意識する。

認知症などにより、利用者が一方的に話をしたり、同じ話を繰り返してしまうなど、ケアマネジャーが利用者本人に聞きたいことが聞けないことや、伝えたいことが伝えられない場面もあるかと思います。その場合、**いったん利用者の話に耳を傾けてみましょう**。そこに支援に対するヒントがある場合もあります。また、「この人は話を聞いてくれる人」と認識してもらうことで、その後のコミュニケーションが円滑に進む可能性もあります。そのうえで、やはり話が進まないような場合には、**わかりやすい言葉で簡潔に話をしたり、「イエス」「ノー」で答えやすい質問を心がけましょう**。それでも難しい場合は、話題や時間を変えたり、ほかのスタッフや家族に協力を求めるなど、場面転換を図ることも方法の一つでしょう。

Q97 モニタリングで確認すること
モニタリング時に確認すべき内容って？

 施設サービス計画の妥当性を評価。

モニタリングは施設サービス計画が妥当であるか、**変更の必要性があるかを判断するための指標です**。そのため、以下の内容につ

スキル
面接力

スキル
質問力

スキル
分析力

ルール
運営基準

ルール
人員基準

ルール
算定基準

定　義

記　載

最適解

連　携

考え方

077

いて確認する必要があります。
① 施設サービス計画に位置づけたサービスが適切に提供されているか
② 設定した目標の達成度
③ 施設サービス計画の変更の必要性

また、単にこの3点をチェックするだけではなく、そのように判断した理由や要因、前回のモニタリング時からの利用者の変化についても記載することで、利用者の状態像の把握や今後のケアマネジメントの根拠となります。

Q98 モニタリングと再アセスメントの違い
モニタリングと再アセスメントの違いを教えてほしい。

A モニタリングにより再アセスメントの必要性を判断する。

モニタリングはQ97（p.77参照）に記載しているように、施設サービス計画の妥当性、変更の必要性を判断するための指標です。モニタリングにより施設サービス計画の変更が必要と判断した場合、利用者のニーズを把握するために再アセスメントを実施することが必要となります。なお、再アセスメントの際には、課題分析標準項目（23項目）について確認しましょう。

Q99 利用者の状態に変化がない場合の記載方法
利用者の状態に変化がなかった場合、文例などをつくっておき入力を簡略化する人もいるが、変化がなければそのような記載方法でもよいのか？

A 簡略化してもよいが、小さな変化や課題・個別性を見逃さないように注意する。

要介護状態の高齢者は、加齢などによる変化が起こりやすい状態にあります。目に見える大きな変化ではなくても、1か月から数か

月単位で、心身の機能や認知機能、健康状態などに変化があることがありますので、注意深く観察することが必要となります。また、改善がみられないという意味での状態が変わらないことに関しては、それ自体が課題ともいえます。入力作業の簡略化などの業務効率化もケアマネジャーとして大事なことですが、**「大きく状態が変わらない＝安定している」と決めつけるのではなく、利用者本人や他職種にも確認しながら、小さな変化や課題を見逃すことがないように注意しましょう。**

Q100 利用者・家族の真意が聞けないとき
利用者の変化にケアマネジャーが気づいているのに、利用者・家族から真意を聞けないときにはどうすればよいか？

ケアマネジャーから変化について伝えてみる。

このような場合、そもそも利用者・家族が変化に気づいていない、またはその変化を問題としてとらえていない、もしくは何らかの理由により、利用者がケアマネジャーをはじめとした施設職員に真意を伝えられないことが考えられます。いずれにしても、**ケアマネジャーが気づいている変化を利用者・家族に対して伝えるとともに、専門的知見に基づいた問題点や今後の課題などについても伝え、共有を図りましょう。** そういったコミュニケーションの積み重ねが信頼関係となり、利用者・家族が話をしやすい土壌を醸成することにつながります。

Q101 モニタリングの適切な頻度 BEST!
モニタリングの適切な頻度は？

明確な基準はないが、1か月程度ごとが望ましい。

月1回以上のモニタリングが求められている居宅介護支援事業

スキル
面接力

スキル
質問力

スキル
分析力

ルール
運営基準

ルール
人員基準

ルール
算定基準

定　義

記　載

BEST!
最適解

連　携

考え方

所とは違い、施設ではモニタリングに対する頻度の明示はなく、利用者の心身の状況に応じて定期的に行うことが求められています。少なくとも、施設サービス計画に位置づけた短期目標の期間内ごとの頻度でモニタリングを実施していれば大きな問題はないと思われますが、**利用者の心身の変化やニーズの変化などをとらえるためには、1か月程度ごとのモニタリングが望ましいでしょう。**

第**2**章

施設ケア
マネジメント
各論編

介護老人福祉施設
（特別養護老人ホーム）

Q102 施設における個別性の実現

施設では日課や介護の手順が決まっており、ケアプランに個別性を位置づけることには限度がある。どこまで個別性を実現しなければいけないのか？

 入所者のその人らしい個別ニーズを理解する。

　ケアプランは、その人がその人らしく尊厳をもって生活し、望む生活の実現を目指すための道標といえるでしょう。

　入所者一人ひとりには、それぞれの人生があり、一生懸命生活をしてきた歴史があります。誰一人同じ人生や生活はありません。**入所者を一人の人として、個別性を意識したとらえ方が必要**です。

　入所者がこれまでの生活で大切にしてきたことは何か、その人の得意としていたことやそのなかで実行できることは何かなど、アセスメントを行うことができると、入所者一人ひとりの違った姿が見えてくるでしょう。

　施設だからといって、皆同じようにケアを提供され、同じような対応しかされないことは、入所者にとっては、一人の人として尊重され、その存在を認められた尊厳ある生活といえるでしょうか。

　入浴介助一つとっても、施設としては、「女性は、○曜日と○曜日の週2回」と決まってしまいますが、その入所者が、お風呂が好きな場合と嫌いな場合では、職員の対応が違ってきます。例えば、入浴を渋る入所者に、家で使っていた馴染みの洗面器を使ってもらうなど、それだけでもその入所者の個別性が生まれます。施設のタイ

ムスケジュールに合わせたケアプランではなく、そのケアが、その入所者にとってどのような意味があるのかを丁寧に考えてみましょう。

些細なことでも構わないので、その人特有のその人らしさをケアプランに盛り込めると、入所者本人にとって充実した施設生活となることでしょう。

Q103 施設ケアマネの役割・業務の理解
ほかの職員に施設ケアマネの役割や業務を理解してもらえていない。どのように理解してもらえばよいか？

A 日頃からコミュニケーションを図り、役割を理解してもらえるよう努める。

運営基準※では、ケアマネジャーは、施設サービス計画の作成に関する業務を担当する者とされています。

ケアマネジメントという手法を用い、適切な方法により、ケアチームの要、調整役として、施設内の各専門職と連携をとり、入所者の施設での生活を支える役割の一部を担っています。

業務を円滑に進めるためには、**ケアマネジメントの流れやそのなかでのケアマネジャーの役割や業務について、日頃からほかの職員にも伝え、理解してもらうことを続けていく**必要があります。

連携とは、入所者の支援のために互いの役割を尊重・理解し、それぞれの使命を遂行し、同じ目標に向かって進むことだといわれています。

「指示ばかりで、現場の状況を理解してくれていない」といった不満が出ないように、常にほかの職員とコミュニケーションをとり、互いの専門性を尊重する姿勢を示すことが重要です。特に、入所者のことを理解したうえで、ほかの職員の意見を聞くことが大事です。これにより、互いの業務に対する理解が深まるだけでなく、入所者にとってよりよい支援は何かを共通理解することにもつながります。ケアチームの調整役としては、互いに困っていることを共有し、解決策をともに考え、解決に導くことが重要です。**ケアマネジャー**

スキル
面接力

スキル
質問力

スキル
分析力

ルール
運営基準

ルール
人員基準

ルール
算定基準

定　義

記　載

最適解

連　携

考え方

もチームの一員として、一緒に考え続ける行動が必要です。

※ 指定介護老人福祉施設の人員、設備及び運営に関する基準（平成11年厚生省令第39号）
　第12条

Q104 身体的拘束をしなければいけないとき

やむを得ず身体的拘束をしなければいけない入所者がいる。入所者の安全を確保するために身体的拘束をする場合の手続きはどのようにすればよいか？　あわせて、身体的拘束をする場合のケアプランはどのように作成すればよいか？

A 職員が身体的拘束の廃止について共通理解し、適切な対応ができるように情報を共有する。最低限の身体的拘束になるよう、多職種で検討する。

　運営基準では、「当該入所者又は他の入所者等の生命又は身体を保護するため緊急やむを得ない場合を除き、身体的拘束その他入所者の行動を制限する行為（身体的拘束等）を行ってはならない」とされています。また、日頃から施設内で、身体的拘束等の適正化を図るため、対策を検討する委員会の開催と結果の周知徹底、指針の整備、定期的な研修の実施といった措置を講じる必要があります※1。

　身体拘束を行う緊急やむを得ない場合とは、①切迫性（入所者本人または他の入所者の生命または身体が危険にさらされる可能性が著しく高いこと）、②非代替性（身体拘束等以外に代替する方法がないこと）、③一時性（身体拘束等が一時的なものであること）とされ、該当する三要件をすべて満たす必要があります※2。

　施設内の専門職の意見や対策を検討したうえで、どうしても身体的拘束等をせざるを得ないときは、入所者本人に対する介護や支援内容、サービス提供の方法が一時的に変更されることになります。その際は、身体的拘束等の態様と時間、入所者の心身の状況、緊急やむを得ない理由を記録し※3、**身体的拘束等の内容や手順、期間を含めたケアプランを作成する**必要があります。ケアプランの内容は、施設内でかかわる職員が共通理解し、適切な対応ができるよう

に情報を共有しましょう。

※1 指定介護老人福祉施設の人員、設備及び運営に関する基準（平成11年厚生省令第39号）第11条第4項・第6項
※2 介護施設・事業所等で働く方々への身体拘束廃止・防止の手引き（令和6年3月）
※3 指定介護老人福祉施設の人員、設備及び運営に関する基準（平成11年厚生省令第39号）第11条第5項

Q105 身寄りのない人の入所受け入れ BEST!
身寄りのない人の施設入所を受け入れるにはどのような準備が必要か？

A 公的制度や民間のサービスを利用し、身元引受人を立てることを検討する。

運営基準※では、「正当な理由なく指定介護福祉施設サービスの提供を拒んではならない」とされていますが、身寄りがないことは正当な理由には含まれず、**施設は身寄りのない人でも入所を受け入れる必要があります**。しかし、施設入所をすることで、本人に代わって家族などが判断をしなければならない場面もあり、**施設としては、身元引受人が必要になる**ことが想定されます。

身元引受人の役割は、①緊急時の連絡先、②施設利用料の支払い、③本人の退所支援に関すること、④契約やケアプランなどの同意確認、⑤入院や治療に関する同意、⑥退所後の身柄や遺品の引き取り等が考えられます。特に医療における延命措置や死後の処置等の希望は、入所時に入所者本人に確認する必要がありますが、本人に意思決定能力がない場合には身元引受人が関与することになります。

国も、「人生の最終段階における医療・ケアの決定プロセスに関するガイドライン」や「身寄りがない人の入院及び医療に係る意思決定が困難な人への支援に関するガイドライン」等を示しています。

身元引受人がいれば、サービスの提供等はスムーズに進みますが、身元引受人がいなくても、本人が適切なサービスを利用できるように、施設を経営・運営する法人・施設の方針を明確に示したいものです。

※ 指定介護老人福祉施設の人員、設備及び運営に関する基準（平成11年厚生省令第39号）第4条の2

スキル
面接力

スキル
質問力

スキル
分析力

ルール
運営基準

ルール
人員基準

ルール
算定基準

定義

記載

BEST!
最適解

連携

考え方

Q106 具体的な目標がなく、評価もできていない場合 BEST!

多くの入所者の長期目標が、「病状が安定し、安全に穏やかに施設で生活できる」といった内容になっている。
具体的な目標が見出せず、評価もできていないが、それでよいか？

A 実行可能かつ具体的な目標を考える。

　ケアマネジメントは、その生活に目標が設定され、その目標の実現を目指して入所者の行動や生活が営まれます。一定期間のなかで、提供されたケアや実施されたセルフケアによって、入所者にとっての目標に近づくことができているか評価し、次の生活の目標が設定されるというサイクルが繰り返されていきます。

　例えば、目標を「安全」や「安心」というような抽象的なものにしてしまうと、目標の達成状況を評価することは難しくなります。何事もなく事故やけががないことが「安全」なのか、何をもって「安心」できるのか、考え方が人それぞれであるため、客観的な評価ができません。また、入所者にとって、自分がどのような生活をしたらよいかも理解しづらいものになってしまいます。ですから、目標は、日常生活でどのような行為、動作ができるようになっているか、例えば「どこまで歩いて行くことができる」「自分で〜ができる」等、具体的に設定することが大切です。

　介護保険制度の目指すものは、尊厳の保持と自立支援です。たとえ施設入所をしなければならなくなった要介護状態の入所者でも、その人らしく、尊厳をもって、その能力を活かして生活し続けることが大切です。その生活の目指すところは、人それぞれのはずです。入所者が、「これまでどのような生活をしてきたのか」「何を大切にし、何を楽しみにしてきたのか」「これからどのような生活を送っていきたいのか」を考えると、その目標はさまざまなものになります。

　施設においても、入所者が提供される介護やサービスをどのように利用し、入所者自身が何をするのかということを理解し、実行することで、目標の実現が実感できるケアプランが必要になってきま

す。**この先の生活が見える目標があれば、入所者に生活の意欲が湧き、具体的な目標が理解できれば、入所者自身の行動や実行が促進される**ことになるでしょう。

スキル
面接力

スキル
質問力

Q107 人手不足で入所者の意向に沿えない

現場スタッフから、人手不足を理由に入所者が希望するサービスの提供を断られた。こうした場合、ケアプランに入れるのは難しいか？

スキル
分析力

A 必要性を共有したうえで、方法を一緒に考え、プランニングする。

例えば、入所者から下肢の筋力低下があるので、日常的に歩行運動を取り入れたいという希望が出たときに、現場からは、人手の部分からできる人がいないと言われることもあるでしょう。まずは**そのニーズや目標自体の必要性を、チームでもある現場スタッフがどれだけ感じているかが重要**です。必要だと感じていれば、あとは方法論なので、どうやればできるのか、ほかにやり方はないのかを他職種も交えて検討することが必要です。必要性をあまり感じていなければ、根気強く説明し、理解してもらったうえで、実施方法を一緒に検討しましょう。ケアプランに関しては検討課題として共有し、実施が可能になった際に改めて設定するとよいでしょう。

ルール
運営基準

ルール
人員基準

ルール
算定基準

定 義

記 載

Q108 重度の認知症の入所者のBPSD

重度の認知症の入所者の行動・心理症状（BPSD）をなくすようなプランニングを依頼されたが、どうすればよいか？

最適解

A BPSDの単なる改善は、職員目線のケアプランであって、本人のためのケアプランではない。

認知症には、記憶障害、見当識障害、遂行機能障害、理解力の障害、失行や失認、失語等の中核症状と、幻覚、妄想、興奮、不穏、徘徊、暴力や暴言、抑うつ等の行動・心理症状（BPSD）がありま

連 携

考え方

087

すが、BPSDを問題行動とは言わず、その行動は本人にとって理由があるものとしてとらえ、その行動理由の要因を探り、ケアをするのが認知症ケアです。残念ながら、中核症状の改善は困難ですが、BPSDの根本的な原因は、本人に心配や不安が生じていることであるため、それを取り除くよう、環境を整えたり、ケアをしたりすることによって改善することができます。つまり、BPSDの要因を丁寧にアセスメントして、一つずつ対応をしていくことが重要です。

ただし、**改善を目標にすることは、施設のスタッフ目線のケアプランであり、本人のためのケアプランではありません**。本人にとって、不安のない生活とは何なのかを、現場スタッフとも検討したうえで、**あくまでも本人を中心に考えたプランニング**を行いましょう。

Q109 ターミナルケアはいつまで続けていくべきか BEST!
ターミナルケアと宣告されて3か月以上経過したが、今後もターミナルケアを続けていくべきか？

A ターミナル状態ととらえながら、日常生活動作改善へのケアプランの変更を行う。

「終末期医療に関するガイドライン」に基づくと、終末期とは、複数の医師によって病気の回復が期待できないとの判断がなされ、本人・家族を含めた関係者がこれに納得したうえで、死を予測して対応を考えることになる時期を指します。したがって終末期を期間で決めることは必ずしも容易ではなく、また適当ではありません。そのうえで、ターミナルケアとは、延命を目的とした治療ではなく、身体的・精神的苦痛を除去し、生活の質（QOL）の維持・向上を目的とした処置を行うことを指します。途中で栄養状態が改善、状態が安定し、3か月を経過したとしても、病気は治癒したわけでなく、緩やかに進行していると思われます。そのため、ターミナルケアは続行しますが、例えば、おむつを着用していたのが、自分でトイレができるようになるかもしれないなど、**本人や家族に生活への前向きな意向が出た際は、サービス担当者会議を経てのケアプラン変**

更は必要です。しっかりとモニタリングにて評価し、随時主治医や看護師など医療職と連携し、予後予測を含めプランニングにつなげていくことが重要です。

Q110 外部の主治医のサービス担当者会議への出席
外部の主治医にサービス担当者会議への出席を依頼してもよいか？

 出席の依頼を行い、直接見解を聞かせてもらう。

令和5年10月に行われた中央社会保険医療協議会総会では、かかりつけ医とケアマネジャーらの連携の強化について議論され、「サービス担当者会議等を通じて、認識が共有され、より医療と生活の双方の視点に基づいたケアプランが策定されることが重要」※との考えが改めて示されました。医療と生活は密接に絡み、どちらかに課題が発生した際、連携によって解決への糸口が早々に見つかるかもしれません。そのなかで医療チームのリーダーは主治医となります。要介護認定を受けている入所者は、何かしらの疾病を抱えており、その疾病管理は生活するうえで重要な項目です。問題が発生せずとも、チームとして日々の情報共有は必要です。サービス担当者会議は本人や家族が参加する場でもあるので、<u>直接現在の生活状況を伝えたり、主治医からの見解を受けたりするよい機会としてとらえ、出席への依頼を行いましょう</u>。多忙で参加が難しいかもしれませんが、照会(意見収集)を行い、見解を参加したチームスタッフに伝えることが必要です。

※ 中央社会保険医療協議会総会（第560回）（令和5年10月20日）資料「個別事項（その3）医療・介護・障害福祉サービスの連携」p.103

スキル
面接力

スキル
質問力

スキル
分析力

ルール
運営基準

ルール
人員基準

ルール
算定基準

定　義

記　載

最適解

連　携

考え方

Q111 「できるだけ現場に入ってほしい」という要求

上司から「ケアプラン作成の時間など、事務に費やす時間が長い。できるだけ現場に入ってほしい」と言われ、サービス残業で事務を行っている。どうしたらよいか？

A ケアマネジメント業務への現場の理解が必要。

施設ケアマネジャーは、介護職と兼務する場面が多く、主に法人施設内の多職種の一つとして、中の職員との連携となります。施設の管理者に、ケアマネジメント業務への理解がないと、人手が足りない現場に人を配置しようとするのかもしれません。まずは、**現場スタッフも含めて、ケアプラン作成からモニタリングに至るまでの一連のプロセスへの理解が必要**です。ケアプランはケアの設計図であるため、行政の運営指導はケアプランに基づいて行われること、家族はケアプランを見て入所者にどのようなケアがされているか確認したうえでサインしていることなどを伝え、あわせてケアプラン作成などの事務も重要な役割であると理解してもらいましょう。

Q112 意思疎通が困難な人のケアプラン

要介護5の寝たきりで、自発動作や発語もなく、意思疎通も困難な人のケアプランはどうやってつくればよいか？

A 寝たきりの人へのふだんの日常生活の留意点をチームで見つけてプランニングする。

例えば、声かけに反応もなく、離床は食事のみで全介助、移動はリクライニング式の車いすの人とします。ケアプランの落とし込みは、まずアセスメントで、なぜ寝たきりになっているか、身体面や精神面での要因をとらえ、**1日24時間ある日課のなかで、特に留意すべき生活面での介護のポイントはどこなのか、アセスメントしましょう**。家族にも、介護が必要になる前に好きだったこと、嫌だったことなどを聞き取ることで、ケアプラン作成のヒントを得ら

れます。意思疎通できなくても、痛かったり、苦しかったり、つらいことは嫌だと思います。まして入院を繰り返し、環境がそのつど変化することもストレスにつながります。また、寝たきりであっても、家族はどういう生活を送ってもらいたいのでしょう。褥瘡や拘縮の予防、栄養や水分の摂取状況、口腔内には問題ないか、身体面などに課題はないか、チームで共有し、ケアにあたりましょう。また、表情がやわらいだり、反応があるようなことを、現場スタッフのふだんの観察から見つけてもらうことも依頼しておくと、精神面でのプランニングのヒントになるでしょう。

Q113 施設内での情報共有
施設内で情報共有をする際は、どのようなツールを使用するのがよいか？

A 他部署とも共有できる介護ソフトやICTツールを活用する。

多くの介護ソフトが出ていますので、その**施設の特性に合ったものを選択**します。計画同士が連動しているものや記録や掲示板を活用することで、情報の一括管理と共有を図ることができます。サービスによっても必要となる機能は異なるため、施設内の他サービスの担当者とよく話し合いましょう。

介護ソフトがうまく利用できない場合は、社内ネットワークやクラウドシステムの活用も検討します。

Q114 要介護認定更新時の主治医意見書
月に1回しか来ない主治医に、要介護認定更新時の主治医意見書をどのように依頼するのがよいか？

A あらかじめ作成が必要な利用者を伝えておく。

事務担当者や同行の看護師などに、あらかじめスケジュールを伝えておきましょう。また、ICT（情報通信技術）の工夫として、ク

スキル
面接力

スキル
質問力

スキル
分析力

ルール
運営基準

ルール
人員基準

ルール
算定基準

定　義

記　載

最適解

連　携

考え方

ラウド型電子カルテの導入なども進んでいます。このような**ICTを活用することで、口頭や電話によるやり取りではなく、お互いが効率よく対応することが可能になります。**

Q115

負担限度額認定証の負担割合

介護保険負担限度額認定証の負担割合について知りたい。

A **介護保険3施設とショートステイの居住費と食費の助成制度は、以下のとおりである。**

　介護保険3施設の本入所や短期入所サービスを利用すると、介護保険での施設介護サービス費（1〜3割負担）とは別に、食費、居住費（滞在費）、理美容代など日常生活を送るために必要となる費用の自己負担分が発生します。介護保険制度では、世帯全員が市町村民税非課税や生活保護受給者の場合などについては、**低所得者への配慮として、所得に応じて、食費と居住費の負担限度額が定められ、特定入所者介護サービス費として助成を受けることができます**（→Q158（p.131参照））。適用を受けるには申請が必要で、前年度の所得と現時点の保有資産が審査の対象になります。1年ごとに手続きが必要で、前年の所得が確定した毎年5〜6月頃が申請時期です。通帳のコピーなど資産状況の証明が伴い、家族や代理人からの申請が必要になるため、**毎年申請への声かけを行いましょう**。また、住所を施設に移すなど世帯分離をしても、離れている配偶者の預貯金も条件になるため、説明にも留意しましょう。

表2-1　居住費・食費の基準費用額（1日あたり）

	居住費（日額）				食費（日額）
	ユニット型個室	ユニット型個室的多床室	従来型個室	多床室	
基準費用額（*）	2,066円	1,728円	特養等 1,231円	915円	1,445円
			老健・医療院等 1,728円	(1)※697円	
				(2)※437円	

（*）特定入所者介護サービス費を算定する際に用いられる厚生労働大臣が定める食費および居住等の基準となる費用額

(1)※　R7.8月〜　以下の多床室（いずれも8㎡／人以上に限る。）の入所者について、基本報酬から室料相当額を減算し、利用者負担を求めることとする。
　　・「その他型」及び「療養型」の介護老人保健施設の多床室
　　・「Ⅱ型」の介護医療院の多床室
(2)※　事業所が室料を徴収しない場合（従来通り）

表2-2　施設サービスにおける負担額

利用者負担段階	居住費（日額）				食費（日額）	
	ユニット型個室	ユニット型個室的多床室	従来型個室	多床室		
第1段階	880円	550円	特養等 380円	0円	入所	300円
			老健・医療院等 550円		ショートステイ	
第2段階	880円	550円	特養等 480円	430円	入所	390円
			老健・医療院等 550円		ショートステイ	600円
第3段階①	1,370円	1,370円	特養等 880円	430円	入所	650円
			老健・医療院等 1,370円		ショートステイ	1,000円
第3段階②	1,370円	1,370円	特養等 880円	430円	入所	1,360円
			老健・医療院等 1,370円		ショートステイ	1,300円

・基準費用額から利用者の負担限度額を引いた差額（特定入所者介護サービス費）が、国保連から施設に支給される。
・対象外（課税世帯）の利用者は、第4段階として、施設が設定した居住費と食費を支払うが、入所したことで、世帯で生活が困窮するなど、一定の要件により特例軽減措置が受けられる。

スキル
面接力

スキル
質問力

スキル
分析力

ルール
運営基準

ルール
人員基準

ルール
算定基準

定　義

記　載

最適解

連　携

考え方

表2-3 負担限度額対象要件

利用者 負担段階	補足給付の主な対象者 ※非課税年金も含む		預貯金額（夫婦の場合）
第1段階	生活保護受給者		要件なし
	世帯全員が市町村民税非課税である老齢福祉年金受給者		1,000万円（2,000万円）以下
第2段階	世帯全員が市町村民税非課税	年金収入金額（※）+合計所得金額80万円以下	650万円（1,650万円）以下
第3段階①		年金収入金額（※）+合計所得金額が80万円超〜120万円以下	550万円（1,550万円）以下
第3段階②		年金収入金額（※）+合計所得金額が120万円超	500万円（1,500万円）以下

※ 社会福祉法人等による利用者負担軽減制度事業も対象となる場合があります（事業を実施していない社会福祉法人等もあります）。
資料 厚生労働省リーフレット

Q116 要介護認定更新時の工夫

要介護度が上がることで、施設収入は増えるが、家族負担も増える。このような実情のなかで、要介護認定更新時にどのような工夫や考え方をすればよいか？

A 支援やかかわりに要する時間から公平に判断し、家族にも理解してもらえるような説明をする。

施設では、介護職の支援負担やかかわっている時間が要介護度に見合っているかを注視しています。ただ、家族によっては、要介護度が上がることでの負担増に納得せず、要介護度を下げるよう依頼してくるケースもあります。**施設と家族で共通認識がもてるように、認定調査の公平性と介護の必要性を説明していきましょう。**
また、必要に応じて、家族も認定調査に立ち会ってもらい、本人の状態を一緒に確認することで、更新認定への納得を得られるようにしましょう。

介護老人保健施設

スキル
面接力

スキル
質問力

スキル
分析力

Q117 介護老人保健施設のアセスメントツール
介護老人保健施設のアセスメントツールを教えてほしい。

ルール
運営基準

A 包括的自立支援プログラム、R4などがよく用いられているが、独自様式を用いることも可能。

解釈通知では、「課題分析は、計画担当介護支援専門員の個人的な考え方や手法のみによって行われてはならず、入所者の課題を客観的に抽出するための手法として合理的なものと認められる適切な方法を用いなければならないものである」とされています[※1]。

「客観的に抽出するための手法」として、アセスメントツールがあります。アセスメントツールに含まれるアセスメントシートは、ケアマネジャーがケアプランを作成する際に、入所者の状況を把握するために情報収集の内容をまとめる重要なツールです。

アセスメントシートにはさまざまな様式がありますが、入所者の情報を正確に把握するために、課題分析標準項目である「基本情報に関する項目」（基本情報、これまでの生活と現在の状況、利用者の社会保障制度の利用情報、現在利用している支援や社会資源の状況等）と「課題分析（アセスメント）に関する項目」（健康状態、ADL、IADL、認知機能や判断能力等）の23項目（→Q15（p.13参照））を満たしたアセスメントシートを用いる必要があります。

アセスメントツールには、主に使用されている手法として、包括的自立支援プログラム方式、居宅サービス計画ガイドライン方式、MDS-HC方式、R4、ケアマネジメント実践記録様式、インターライ方式などがあります。

ルール
人員基準

ルール
算定基準

定義

記載

最適解

連携

考え方

「介護保険制度におけるサービスの質の評価に関する調査研究事業」によれば、介護老人保健施設で使用されているアセスメント様式としては、包括的自立支援プログラム方式が最も多く29.8%、次いでR4が20.2%ですが、22.5%の施設は独自様式を使用していることがわかっています※2。

法人や事業所においては、課題分析に適したアセスメントツールを選択しましょう。

※1　介護老人保健施設の人員、施設及び設備並びに運営に関する基準について（平成12年老企第44号）　第四の12(3)
※2　介護給付費分科会—介護報酬改定検証・研究委員会第15回（平成30年3月5日）資料1－4「(4)介護保険制度におけるサービスの質の評価に関する調査研究事業（結果概要）（案）」p.3

Q118 あまり面会に来ない家族 BEST!

あまり面会に来ない家族とどう関係性をつくればよいか？

A さまざまな方法でタイミングを見計らって連絡をとり、関係を維持する。

入所の時点で、家族の役割や協力してもらいたいことを確認し、理解してもらうことが肝心です。しかし、家族にも、その後に何らかの事情があって、面会できなくなってしまっていることもあるかもしれません。

本人の状態の変化やサービス担当者会議の開催、認定の更新など、何らかのタイミングで必ず連絡をとり、家族との関係を保つことが必要でしょう。電話がつながりにくい家族には、郵便等の書面やメールを活用することもできるでしょう。

コロナ禍においては、パソコンを利用してテレビ電話による面会を行っていた施設もあったようです。そのようなさまざまなツールを活用し、家族が直接施設に来訪できなくても、入所者とのつながりを維持できるように工夫しましょう。また、施設との関係性を保つためにも必要な対応を考えましょう。

Q119 過大な要求をする家族への対応 BEST!

最近は、「お金を払っているのだからやってくれて当たり前」「もっとサービスをしろ」と言ってくるような家族が増えた。
そうした家族へ伝える際の効果的な会話術などがあれば知りたい。

スキル
面接力

スキル
質問力

スキル
分析力

ルール
運営基準

ルール
人員基準

ルール
算定基準

定 義

記 載

BEST!
最適解

連 携

考え方

A 日頃のコミュニケーションから、家族との信頼関係を築いていく。

　近年、さまざまな考えをもつ家族も多くなっています。施設に対する要望や要求も多様化しているようです。解決のための決め言葉のようなものはありません。家族との関係性で、その対応もケースバイケースといえるでしょう。

　入所相談や入所契約の時点で、<u>施設の役割や施設ができることとできないことをしっかり理解してもらえるように説明することが大事です</u>。説明ばかりになると、言い訳をしているように受け取られがちですので、「なぜ、そのような訴えが出てきたのか」を傾聴し、いったん受け止めてから、説明をしたり情報共有したりするとよいと思います。また、利用者を支援するにあたって、家族の協力が大事なことも説明することが重要です。そのうえで、介護保険での利用料や介護保険以外の利用者・家族が負担する料金が、どの範囲をまかなっているのか、施設で設定している自費負担のサービス内容は、どこまでのサービスを示しているのかも説明し、介護保険でできることとできないことの理解を求めることが必要でしょう。契約の内容をしっかりと理解してもらったうえで、契約を締結することが重要です。

　重要事項説明書の説明等によって、利用者・家族から、提供するサービスの目的、範囲および方法に関して十分な理解を得ていない、提供するサービスに関して誤った期待を生じさせているといった状況は、カスタマーハラスメントにつながるおそれがあります。「介護現場におけるハラスメント対策マニュアル」(厚生労働省ホームページ)なども参考にしましょう。

　また、日頃から家族との連絡を密に交わし、お互いの信頼関係を

保つことも大事なことです。

Q120 介護老人保健施設での連携のコツ

介護老人保健施設には施設医・看護職員・PT（理学療法士）・OT（作業療法士）・ST（言語聴覚士）・介護職員・栄養士・支援相談員・ケアマネジャーがいて、なかなか他部署との連携が難しく苦労している。
入所者・家族とスタッフの間に立って、まとめていくコツを教えてほしい。

A 他職種にケアマネジャーの役割や業務を理解してもらうことから始める。

　まずはケアマネジャーの役割や業務を知ってもらうことが大事なことでしょう。施設のなかでも、さまざまな専門職が存在します。それぞれの専門職には、それぞれの役割や専門的な業務があります。**専門性を活かした支援が利用者の生活を支える**ことになります。
　よく「連携」ということがいわれています。「連携」とは、それぞれの専門性を理解し、尊重し、役割を分担し、その使命を果たすことです。よい「連携」がとれることが、よい支援へとつながります。
　介護老人保健施設やほかの施設でも、介護職員や支援相談員が施設ケアマネジャーを兼務することがあります。兼務する職種によっては、ケアマネジャーの業務と本来の職種の業務とが混在することがあり、ケアマネジャーの役割が不明確になってしまうことがあります。特に支援相談員との業務の差が見えにくくなっている現状があるようです。
　介護老人保健施設における支援相談員の業務は、①入所者および家族の処遇上の相談、②レクリエーション等の計画、指導、③市町村との連携、④ボランティアの指導とされています。兼務であった場合はなおさら、本来の専門職の役割・業務と、ケアマネジャーとしての役割・業務をしっかり意識する必要があります。施設における事務・業務分担や事業計画における職員個々の役割を明確にしておいてもらうことが必要でしょう。

ケアマネジャーとしては、日頃の業務のなかで、ケアマネジメントにかかわる業務、アセスメント、ケアプランの原案作成・提案、サービス担当者会議やモニタリング・評価といったそれぞれの段階で、ほかの職種の人たちに、その業務の内容や意味をしっかり伝えることで、**ケアマネジャーの役割や業務を知ってもらい、よりよい連携が図られるようにしていきましょう。**

　また、入所者・家族と入所前の段階からかかわりをもつケアマネジャーは、家族から入所前の在宅生活の状況や在宅介護の苦労、入所を決断した経緯やこれからの期待を聞き取ることになり、家族の思いを代弁する機能を果たすことにもなります。入所後もケアプランの説明やモニタリング、サービス担当者会議で、家族と他職種との思いの橋渡し役になることでしょう。家族の思いに寄り添う態度が必要と考えられます。

スキル
面接力

スキル
質問力

スキル
分析力

ルール
運営基準

ルール
人員基準

ルール
算定基準

定　義

記　載

最適解

連　携

考え方

有料老人ホーム・特定施設（サ高住）

Q121 認定調査で「自立」と認定された後の施設利用継続

要介護・要支援認定を受けていないと利用できない施設の入所者が、更新認定の結果、「非該当」と認定された。その後も施設利用の継続を希望しているが、どのようにすればよいか？

A 不服申し立てまたは再度認定申請を行う。

　要介護認定を受けた際には、認定調査の内容について各市町村に情報提供を申し込み、認定調査の内容や特記事項、主治医意見書の内容について確認します。内容を把握したうえで、本人や家族に結果について説明し、本人・家族がその内容について不服がある場合は、認定結果を受け取った翌日から3か月以内に介護保険法（平成9年法律第123号）第183条の規定に基づいて都道府県の介護保険審査会に審査請求を行うことができます。本人が施設の利用継続を希望する場合は、要介護認定を受けなくても利用できる自立型施設の紹介や転居について説明を行ったり、速やかに再度要介護認定の申請を行います。施設側にも、再度要介護認定を受けるまでの間居住することが可能かどうか確認が必要です。また、「非該当」になる場合を考慮して、あらかじめ重要事項説明・入所契約時に対応について説明をしておくこともトラブル回避のために大変重要です。

Q122 本人の意向と施設側の意向
ケアプランの目標が、本人の意向ではなく施設側の意向になってしまう。

スキル
面接力

スキル
質問力

A 言葉の引き出し方を工夫することで、本人の「したいこと」を把握する。

ケアマネジャーは本人の代弁者ですが、施設側の意向になってしまうということは、利用者本位という本来の役割を果たせていないということになります。意向について漠然と「どうしたいですか？」「困りごとはないですか？」と聞いても、本人もどう答えていいのかわからず、「特別ないので、今までと同じでいいです」という返答になりがちです。そのまま意向聴取として確認を終わらせずに、「今までと同じというのは〜ということですか？」など具体的に踏み込んで話を聞く必要があります。施設側の意向としては、「みんなとレクリエーションに参加して過ごす」などが考えられますが、果たしてみなさんそう思っているのでしょうか？ 部屋で読書をしたい人、手作業をしたい人、寝ていたい人などさまざまだと思います。本人が何に興味があってどんなことをしたいのか、または以前どのような暮らしをしていたのかなど、入所時のアセスメントの段階できちんと習慣や生活歴について聴取する必要があります。また、意向を聞くときには、本人に伝わりやすいように言葉を言い換えたり表現を工夫する、話しやすい雰囲気をつくりあいづちをうつなど、質問力や説明力等の面接技術が必要になります。あくまでも**本人に寄り添う姿勢**を忘れないようにしましょう。

スキル
分析力

ルール
運営基準

ルール
人員基準

ルール
算定基準

定　義

記　載

最適解

連　携

考え方

Q123 生活相談員や管理者による家族対応

生活相談員や管理者が家族対応をすることもあり、そうなると施設ケアマネとしての家族とのかかわりが薄れてしまうことがある。それでモヤモヤすることもある。

A　ケアマネジャーだからこそ、できることがある。

　運営基準において、管理者の責務としては、ケアマネジャーに特定施設サービス計画の作成業務を担当させることや、施設職員の管理や業務の実施状況の把握その他の管理を一元的に行うものとすることが定められています。生活相談員（介護老人保健施設においては支援相談員）の責務としては、入居申込者の入居に関して、指定居宅サービスの利用状況や申込者の生活状況を把握すること、入退居時の円滑な援助や連携、サービス担当者会議で専門的見地から意見すること等があり、ケアマネジャーの責務としては、特定施設サービス計画作成の一連の流れだけではなく、入居者の以前のサービス利用状況や生活歴等の把握、家族の希望や環境の把握、身体的拘束や事故についての記録、サービス提供者との連携等があります。実際に対応しているときにはどの職種においても似ているように感じますが、運営基準で定められている内容を確認すると、細かい部分で異なります。ケアマネジャーは本人にとって一番身近で、生活のことだけではなく悩みや思いを聞いてくれてその解決に動いたり、本人が家族に言いにくいことを代わりに表現してくれたり、自分のことを応援してくれる頼もしい存在です。家族も入居した後は本人の過ごしている様子についてケアマネジャーの連絡を頼りにしています。施設内での情報共有は必要ですが、ケアマネジャー「だからこそ」できることが多いので、本人・家族支援について自信をもって日々の業務に取り組みましょう。

Q124 ケアマネジャーが選んだ事業所の位置づけ
ケアマネジャーが選んだ事業所をケアプランに位置づけてもよいか？

 本人が選択できるように情報を提供する。

　ケアマネジャーは介護保険法第69条の34において、常に当該要介護者等の立場に立って特定の種類・事業者または施設に不当に偏ることがないように公正かつ誠実にその業務を行わなければならないと定められています。施設に入所・入居している状況において事業所の選択という場面はあまり想定されませんが、利用する可能性があるとすれば関係機関として訪問マッサージ、訪問診療、福祉用具貸与・購入等が考えられます。ケアマネジャーは本人・家族が不利益を被らないように、1か所だけではなく複数業者の情報を集めておく必要があり、それぞれのメリット・デメリットを把握したうえで説明・情報提供し、**本人が自己選択・自己決定できるように努める必要があります**。訪問マッサージ事業者においては、女性スタッフがいることや機能訓練に特化していることなど、訪問診療に関しては、入院設備を備えていることや24時間医師と連絡がつくことなど、福祉用具事業者においては、価格調整してくれることやアフターフォローが手厚いことなどがメリットとしてあげられます。地域資源にどのようなものがあるのかを調べ、情報を把握していることが必要であり、ケアプランにインフォーマルサポートとして位置づけることも大事なケアマネジメントであると考えます。

Q125 有料老人ホーム・特定施設が用意する福祉用具・備品

施設が用意すべき福祉用具・備品についてどのようなものがあるか？　また、個人負担のものはどのようなものがあるか？

 個人の希望・選択により購入した日用品、趣味や教養娯楽等に必要な物品、クリーニング代、理美容代等は個人負担となる。

具体的な内容については、以下のとおりです。

【有料老人ホーム・特定施設が負担するもの】
・施設で共用部分において全員に一律同じものを提供する物品（シャンプー等）
・施設で全員を対象に実施提供する活動や行事にかかる費用
・施設で介護サービスの提供のために必要な福祉用具（車いす、ベッド、防水シーツ、エアーマット等）

【個人の負担となるもの】※1
・家賃相当費
・個人が希望・選択した教養娯楽（習字、裁縫等）にかかる費用や行事関係費（機能訓練または健康管理の一環として行われるものは除く）
・個人が希望・選択した日用品（特定のメーカーの歯ブラシやシャンプー等）にかかる費用、嗜好品・贅沢品にかかる費用、新聞代、理美容代、クリーニング代
・個人の強い希望・選択のもとで購入した福祉用具（杖や車いす等）
・健康管理費（外部の医療機関により行われる検査・健康診断等は除く）

　住宅型のような外部サービス利用型の施設やサービス付き高齢者向け住宅では居宅サービスに該当するので介護保険を利用した福祉用具貸与は利用できますが、特定施設入居者生活介護ではすでに介護保険を利用しているため、福祉用具貸与の希望がある場合は全額自費負担となります。レンタル料金については、福祉用具の種類や福祉用具事業者ごとに異なるので確認は必要です。公益財団法人テ

クノエイド協会のホームページに福祉用具情報システム「TAIS」があるので、福祉用具のレンタル・購入料金の平均等について参照しながら本人・家族に確認し、不利益を被ることがないようにする必要があります。

なお、特定施設入居者生活介護事業者が徴収できる介護サービス費用としては、①人員基準が手厚い場合の介護サービス利用料、②個別的な選択による介護サービス利用料（個別的な外出介助、個別的な買い物等の代行、標準的な回数を超えた入浴を行った場合の介助）があります※2。

※1　運営基準等に係るQ&Aについて（平成13年3月28日事務連絡）
※2　特定施設入居者生活介護事業者が受領する介護保険の給付対象外の介護サービス費用について（平成12年老企第52号）

スキル
面接力

スキル
質問力

スキル
分析力

ルール
運営基準

ルール
人員基準

ルール
算定基準

定　義

記　載

最適解

連　携

考え方

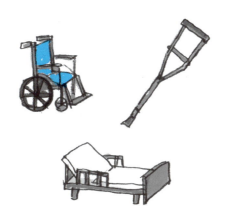

認知症対応型共同生活介護（グループホーム）

Q126 重度の認知症利用者のセルフケア BEST!
重度の認知症利用者の場合、セルフケアをどう取り入れたらよいか？

 本人が笑顔で取り組めるかどうかがポイント。

　身体が比較的元気で、認知症の症状が重い利用者は、一人で何かをするのは難しいため、職員と一緒に散歩や運動を行ったり、声かけがあればテーブル拭き程度の家事はできるので、それらをお願いしたりします。そして、終わったら感謝の言葉がけをしましょう。

　身体介護が常に必要な利用者の場合は、例えば、食事時にスプーンで10口は自身で口に運ぶとか、手足の運動10回行うとかをスタッフが見守りながらやってもらうなどの工夫で、セルフケアにつながります。重度の認知症であってもグループホームでは、何かしら本人ができそうなことを探して、試みることを行っています。本人が苦痛ではなく、笑顔や嬉しそうな表情が見られたら続けるようにします。できることはたくさんありますので、本人の表情を観察しながら、できることを探して実践しましょう。

Q127 人員不足で外出や行事、アクティビティが難しい場合

人員不足でスタッフの余裕がなく、外出や行事、アクティビティに思うように取り組めない。どうすればよいか？

A 以下のとおりである。

人手不足のやりくりは、多くの施設が苦労している課題です。とはいえ、グループホームとしては、外出や行事、アクティビティは必要不可欠でしょう。一つの方法として、見守りボランティアをお願いしたらどうでしょうか。近隣の人や、地域のボランティアセンターなどの協力を得て、フロアで傾聴しながら利用者の見守りをしてもらい、その間にスタッフが個別専門的にかかわる時間をつくるのです。

また、利用者の家族に協力をお願いするのもよいでしょう。例えば、家族で音楽やボランティア活動をしている人に演奏やお手伝いをお願いするなどです。

夏祭りやハロウィンの行事に近隣の人に参加してもらい一緒に楽しんだり、クリスマス会では家族を招き、一緒に過ごしてもらったり、外部の見守り力を活用することで、行事やアクティビティの充実を図ることができるでしょう。どうしても足りない場合は、派遣スタッフなどにお願いすることも一つの方法です。

Q128 規模の小さなグループホームでの研修参加の費用補助 BEST!

自分の勉強のために、休みを使って自費で研修会に参加している。何かしらの補助制度はないか？

A 公的な補助制度はない。運営法人と交渉してみるとよい。

グループホームにおいてステップアップとして必要な資格に、認知症介護実践者研修・認知症介護実践リーダー研修があります。責任ある立場に就く職員には必須の資格です。

さらに管理者になるためには、認知症対応型サービス事業管理者研修が必要です。

これらは、業務をするうえで必要な資格ですので、運営側も補助制度導入の取り組みは必要と考えます。

ただ、法人の規模などにより、補助内容は異なります。

法定研修については、都道府県や市町村独自の補助や、ほかに訓練費用の一部の支給を受けることができます。

職員自身のスキルアップ研修については、補助がないのが現状です。運営側と交渉をしてみてもよいと思います。

Q129 夜間に活発化する重度の認知症利用者への対応　BEST!

重度の認知症の利用者が、夜間、居室の壁や家具、自身の顔などに弄便するため、夜勤者1人では対応できず、その後、眠剤や精神薬が増量になったが、ほかに対応方法がなかったか？

A　可能であれば、状況次第で夜勤者を増やす。

夜勤者は重度の認知症利用者だけを見ているわけではなく、ほかの利用者のトイレ介助等、やらなければならないことが多いため、BPSD（認知症の行動・心理症状）への対応には限界があり、どうしても主治医による眠剤の増量などでなんとかすることが多くなります。

可能であれば、夜勤者のほかに宿直を1人配置することが最良策ですが、施設によっては、余分な配置はできず、あまり現実的ではありません。

その他の対処策として、例えば、その利用者の居室前に夜勤者が待機し、居室のドアを少し開けておいたり、センサーマットを活用したりして、覚醒して行動を始めたタイミングでトイレ誘導をする。その後フロアで一緒に過ごし、温かい飲み物を用意して飲みながら話を聴いたり簡単な運動を一緒に行ったりし、様子を見て居室のベッドに案内して休んでもらう。時間は必要ですが、これで治まる

こともあります。できれば避けたいですが、(便を口に入れてしまう場合など）状況によっては家族の了解も得ながら、鍵付きの寝巻を着用することも必要になるでしょう。また、夜間に排便するサイクルがこないように、排便のコントロールも検討してみましょう。

一人ひとり最良の対応は異なりますので、**その利用者はどのような言葉がけや誘導であれば抵抗なくスムーズに落ち着いてもらえるのかを施設内ミーティング等で話し合い、共有しておくことが重要です。**

Q130 イベント等の取り組み BEST!
グループホームは地域とのつながりが大切であるが、どのような取り組みをすればよいか？

A 季節ごとのイベント等さまざまな交流方法を考えて取り組む。

お花見（春）、お祭り（夏）、遠足（秋）、クリスマスパーティー（冬）など、季節ごとの年間イベントを計画しましょう。イベントには地域の人やボランティアの人にも来てもらいましょう。その他、コーラス、楽器演奏、手作りアートなどもあります。

子どもたちとの交流においては、ハロウィンイベントは大きな効果があります。子どもにお菓子入れの小さなバケツを持ってもらい、利用者がバケツにお菓子を入れる、子どもたちが笑顔で「ありがとう」と言う。ただこれだけで利用者も喜んで笑顔になります。

また、フリーマーケットを施設敷地内で開催、近隣の子どもたちも家にあるおもちゃや工作の作品を出店し（10円、20円で販売）、それを利用者が楽しんで買います。

さまざまに交流方法を考え、知恵を出し合えば、面白いアイデアが出てくるものです。

スキル 面接力

スキル 質問力

スキル 分析力

ルール 運営基準

ルール 人員基準

ルール 算定基準

定　義

記　載

BEST! 最適解

連　携

考え方

Q131 グループホームでの訪問看護の利用

グループホームで訪問看護の利用ができるか？

A 原則、医療保険で利用できる。

　介護保険は、他法に優先するため、**要介護認定を受けている利用者に対して訪問看護を提供する場合、介護保険の訪問看護を算定することが原則です**が、以下の「厚生労働大臣が定める基準に適合する利用者等」（平成27年厚生労働省告示第94号）に該当する利用者、精神科訪問看護（認知症を除く）の利用者に対しては、医療保険の訪問看護を位置づけなければなりません。

表2-4　厚生労働大臣が定める基準に適合する利用者等

①末期の悪性腫瘍、②多発性硬化症、③重症筋無力症、④スモン、⑤筋萎縮性側索硬化症、⑥脊髄小脳変性症、⑦ハンチントン病、⑧進行性筋ジストロフィー症、⑨パーキンソン病関連疾患、⑩多系統萎縮症、⑪プリオン病、⑫亜急性硬化性全脳炎、⑬ライソゾーム病、⑭副腎白質ジストロフィー、⑮脊髄性筋萎縮症、⑯球脊髄性筋萎縮症、⑰慢性炎症性脱髄性多発神経炎、⑱後天性免疫不全症候群、⑲頸髄損傷、⑳人工呼吸器を使用している状態

　このような利用者以外においても、要介護認定を受け、通常は介護保険による訪問看護を利用している利用者であっても、利用者が急性増悪等により、一時的に頻回な（おおむね1週間に4回以上）訪問看護を行う必要がある旨の特別指示（訪問看護ステーションにあっては、特別訪問看護指示書の交付）があった場合には、交付の日から14日間を限度として医療保険の訪問看護を算定します。例えば、脱水などで一時的に毎日点滴が必要だったり、褥瘡の悪化により集中的な処置が必要になった場合などが該当します。

　グループホームでは、基本的に介護保険の訪問看護は受けられませんが、グループホームの費用負担により、利用者に対して訪問看護（居宅サービス）を利用することは差し支えないとされています。医療保険の訪問看護を利用する場合は、上記の表2-4に該当する

疾患または、特別指示が出ている利用者が対象となります。

Q132 医療保険の訪問看護へのケアプラン送付
医療保険の訪問看護にはケアプランを送らなくてもよいか？

 送付する必要がある。

ケアプランは、介護保険のサービスだけ記載すればよいのではありません。医療保険の訪問看護が入った場合でも、ケア内容、回数、曜日、事業所名を記載します。

利用者に対して、支援しているすべての内容を把握する必要があり、訪問看護に限らず、インフォーマルの支援内容も記載します。そうした支援内容をお互いに共通理解しておくことは、医療保険、介護保険に関係なく重要なことだと考えましょう。

スキル 面接力

スキル 質問力

スキル 分析力

ルール 運営基準

ルール 人員基準

ルール 算定基準

定義

記載

最適解

連携

考え方

111

5 書類作成業務

Q133 保険証や負担割合証のコピー BEST!
保険証や負担割合証は、コピーを必ずとらなくてはいけないのか？

A 運営上の義務はない。取り扱いには十分に注意が必要。

介護保険証や負担割合証は重要な個人情報も兼ねていますので、取り扱いには十分に注意が必要です。保険制度の手続き上、**原本確認は必須です**。ただ、**原本確認の手段としてコピーでの保管は、運営上義務づけられているものではなく、保管するかどうかは事業所の判断です**。そして、他機関にコピーを手渡したり、FAXが必要な際は、先に本人や家族から同意を得るなど、個人情報保護の観点が必要となります。施設で原本を預かる際は、預かり証の発行が望ましいことに加え、保管は貴重品として取り扱い、一括して金庫に保管する等、管理に留意する必要があります。

Q134 入院時情報提供書の本人や家族の同意 BEST!
入院時情報提供書を入院先に提出する場合、本人や家族の同意は必要か？

A 入院時の情報提供は利用者や家族の同意が必要。事前に説明があれば、つどの確認は不要。

入院した際、利用者の医療情報は、施設での主治医から入院機関へ提供されますが、生活状況の情報があまり詳しくない場合があるため、医療機関から施設にも情報を求められることがあります。本

人固有の情報ですので、当然個人情報保護の観点から、**本人や家族の同意が必要です**。ただ入院のつど、同意の確認をとるよりも、入所時の契約説明時、個人情報取り扱いの項目のなかに、情報提供する範囲（機関）や必要時の場面等が項目として入っていて、事前に説明し同意を得ておけば、つど確認を取る必要はありません。

Q135 押印ではなく、サインでも大丈夫か？
帳票類は印鑑ではなく、サインで同意を取り付けたことになるのか？

A 印鑑の押印の義務はなく、サインだけでの同意で有効。

令和2年6月19日付けの「押印についてのQ＆A」によると、契約書に押印がなくても法律違反にはならないこと、押印が文書の証拠力を示す手段としては限界があることが解説されています※1。それを踏まえ、令和3年の運営基準の改正では、業務負担の軽減を目的として「書面で説明、同意等を行うものについて、電磁的記録による対応を原則認めること」とし、さらに「利用者等の署名・押印について、求めないことが可能であること及びその場合の代替手段を明示するとともに、様式例から押印欄を削除する」との改正を行いました。さらに、令和5年3月31日付けの通知で「押印がないことを理由に是正を求めることがないように」と改めて周知しています※2。重要なのは、書面の内容に同意をしたという証をどの方法で取るかです。**書面にてサインする方法は一番スタンダードな手法で、有効となります。**

※1 内閣府・法務省・経済産業省「押印についてのQ＆A」（令和2年6月19日）
※2 福祉用具貸与等における利用手続きの円滑化の更なる推進について（令和5年老高発0331第1号・老認発0331第3号・老老発0331第1号）

Q136 代筆できる人がいなかった場合の代筆

身寄りのない利用者が、視覚障害や上肢機能低下のため、署名や捺印できないとき、本人が望めば、施設スタッフ等が代行してもよいのか？

A 申請書類等、本人の不利益にならないものは、本人確認のもと代行可能。

家族や親族が不在、または疎遠により代理署名が困難な際、本人に判断能力が伴い、意思表明が可能であれば、行政への申請書類等、**本人の不利益にならないものは、本人確認のもと、スタッフの代理署名は可能です**。ただし、ケアプラン等、本人の確認や同意に関する書類に関しては、成年後見人等代理人が選定されている場合は、できるだけその代理人へ依頼したほうがよいでしょう。ただ、多忙の理由等により、その代理人から、スタッフ署名の確認が取れれば、代理署名した理由等の経過を記録し、署名の際はできるだけ本人や他者も立ち会ったほうがよいでしょう。

Q137 マイナンバーの扱い

マイナンバーをアセスメントシートに控えてもよいか？

A マイナンバーは個人情報が多岐にわたるため、控えないほうが無難。

平成27年12月15日付で厚生労働省から介護事業者向けに事務連絡が発出され、そのなかで「例えば、申請時に視認した個人番号を事業所に記録しておき、それを利用して介護サービス利用者の情報管理を行うことなどは許されない」とあります※1。また、同日付で都道府県あてに発出された事務連絡でも「事業所が、本人の委任を受け、マイナンバーを記載事項に含む申請書の代理申請を行うことは可能。(中略)本人の委任の範囲を超えて、申請時に視認したマイナンバーを控えて事業所にストックしておくことや、それを利用して保険者に資格確認を行うことなどは許されず、違反をした場合、

特定個人情報保護委員会の措置命令やそれに背いた場合の罰則の対象となる可能性もある」とされています[※2]。マイナンバーは他の証書と違い、個人情報が多岐にわたるため、個人情報保護の観点からの注意が十分に必要で、<u>アセスメントシートへの転記はしないほうがよい</u>でしょう。ただ、施設の場合、身寄りがなくマイナンバーカードの原本を預かるケースも出てくるかと思います。金庫に保管するなど、不特定多数の者が取り扱うことがないようにしておくことが望ましいです。

※1 介護事業者等において個人番号を利用する事務について（平成27年12月15日事務連絡）
※2 介護保険分野等における番号制度の導入について（平成27年12月15日事務連絡）

スキル
面接力

スキル
質問力

スキル
分析力

ルール
運営基準

Q138 主治医への訪問看護指示書の依頼
主治医への訪問看護指示書の依頼は誰が行えばよいか？

A 本人、家族の意向をもとに施設より主治医に連絡・相談する。

施設にて訪問看護を利用する場面で想定されるのは、退院直後や老衰等の終末期、急性感染症等の急性増悪により一時的に頻回な訪問看護が必要と医師が診療に基づいて判断した場合であり、医師との連携が不可欠です。最大で1か月のうち14日間利用することが可能ですが、いざ利用となる場合はアドバンス・ケア・プランニング（ACP）についても確認が必要であり、そのうえで本人・家族に利用希望がある場合には主治医に相談のもと訪問看護を利用することができます。利用については医療保険が適用されます。訪問看護事業所は医師の指定がある場合もありますが、施設で選択する場合もありますので、いざという時のために近隣に訪問看護事業所があるのか？　緊急時にはどこまで対応してくれるのか？　利用料金や指示書作成料についてもどの程度費用がかかるのか？　等についてあらかじめ情報を得ることが必要です。また、ふだんから顔の見える関係を築き、いざという時でも速やかに連絡・連携を図ることが重要です。本人・家族に対しても「人生の最終段階における意思決定支援」を早いうちから意識できるように説明・確認することもケア

ルール
人員基準

ルール
算定基準

定　義

記　載

最適解

連　携

考え方

115

マネジャーとして必要です。

Q139 国保連への請求間違い

間違えた請求を、国民健康保険団体連合会（以下、国保連）に送ってしまった。取り下げはどのようにすればよいか？

A 保険者に過誤申請を行う。

　介護報酬の支払いを受けるには、直接保険者に請求するのではなく、国保連（国民健康保険の保険者（自治体または国民健康保険組合）が設立している公法人で各都道府県に設置）で審査されたうえで、事業所に支払われます。報酬を受けるまでのスケジュールは次のとおりです。

① 前月の利用実績をまとめ、10日までに介護給付費請求書（請求をあげる全利用者分の合計金額などを記載する書類）と介護給付費明細書（利用者別の請求金額の詳細を記入する書類）を作成し、国保連に伝送します。

② 審査が通るとサービス提供から翌々月の月末に事業所へ介護報酬が支払われます。

　入力の誤りなどで、保険者の事業所／受給者台帳（利用者の性別や生年月日、認定等の情報）との相違等があった際には、請求差し戻しの「返戻」通知が、月末に国保連から届きますので、ミスを修正し再請求して下さい。そして「返戻」通知がない場合は、審査が確定となりますが、確定した請求明細書の請求内容に誤りが判明した場合は、**一度請求を取り下げてから、再請求が必要です**。取り下げることを「過誤請求」といい、保険者に申請します。過誤には❶通常過誤⇒「給付実績の取り下げ」だけを行う方法（支払われた額を返還し、翌月に再請求）と❷同月過誤⇒「給付実績の取り下げ」と「事業所の再請求処理」を同月に行う方法（取り下げた請求額と、再請求した請求額が相殺され、差額分のみが調整される）の2種類があります。

図2-1 取下げ（過誤）依頼から再請求までの流れ

■通常過誤の場合　　　■同月過誤の場合
　　　　　　　　　　（一定条件を満たした場合での
　　　　　　　　　　　特殊な過誤処理）

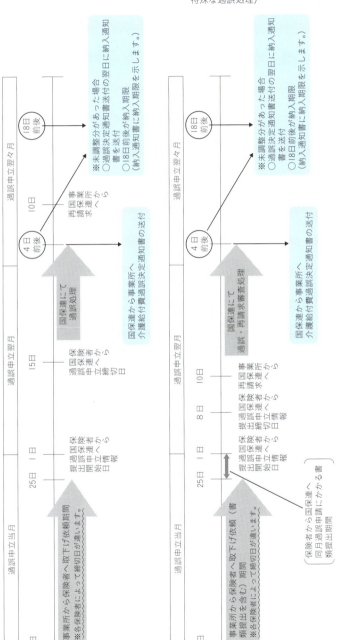

スキル
面接力

スキル
質問力

スキル
分析力

ルール
運営基準

ルール
人員基準

ルール
算定基準

定　義

記　載

最適解

連　携

考え方

117

Q140

月の途中からの要介護状態区分の変更と請求 ¥

例えば 5 月15日に区分変更申請を行い、要介護 3 から要介護 4 に変更となった場合、5 月に提供しているすべてのサービスの報酬請求は、要介護 4 として請求するのか？

A 区分変更申請を境目にしてそれぞれの要介護度で請求する。

　介護報酬の請求は要介護度による単位数の請求のため、**14日までは「要介護 3 」に応じた単位数、15日からは「要介護 4 」に応じた単位数で請求します**。変更申請中における 5 月の国保連への請求については、要介護状態区分の結果が判明した後に行うことになり、月遅れ請求になります。なお加算においては、要介護度の変更に関係なく一律なため、要介護度の変更による影響はありません。

Q141

認定のタイミングと請求 ¥

国保連の請求締切前の 1 日〜10日に認定が出た場合、先月分の給付管理を請求することは可能か？

A 月遅れ請求となる。

　保険者は月末に確定した認定情報や届出情報を、翌月始めに国保連に伝送します。そのため仮に 1 日に認定が判明した場合、国保連請求の締切(各月10日)に間に合うのではと思うかもしれませんが、審査の段階で、保険者から提出された**月末時点の情報との整合性を照合する**ため、請求を出した際、情報の不一致で返戻となります。また、月末の30日や31日に介護認定審査会が開催され確定されたとしても、保険者の情報の登録が間に合わない場合もあるので、その際は保険者に確認を取るのがよいでしょう。

Q142 端数の計算 利用者負担の金額を出すときの端数はどのように計算するのか？

A 次の手順で計算を行う。

1日あたりの基本サービス費の計算方法は次のとおりです。

1日の利用料＝基本単位×1単位の単価（人件費割合と地域ごとの上乗せ単価（**図2-2**・**表2-5**参照））

【例】横浜市のユニット型介護老人福祉施設の利用者。要介護3で1割負担。

① 横浜市の地域区分2級地での介護老人福祉施設における人件費割合45％での単価：10.72（**表2-5**参照）
  ・ユニット型介護老人福祉施設の要介護3の1日あたりの単位：815
② 815×10.72＝8736.8⇒端数切り捨てで¥8736（10割）
  （9割国保連請求）8736×0.9＝7862.4⇒端数切り捨てで¥7862（9割）
  （1割利用者負担）8736（10割）－7862（9割）＝¥874（1割負担）

図2-2 介護報酬の基本的な算定方法

 サービスごとに算定した単位数 × 1単位の単価（サービス別、地域別に設定 10円～11.40円）＝ 事業者に支払われるサービス費（1割、2割又は3割は利用者の自己負担）

（根拠）指定居宅サービスの費用の額の算定に関する基準（告示）等　（根拠）厚生労働大臣が定める一単位の単価（告示）

資料　社保審―介護給付費分科会第194回（令和2年11月26日）資料10「その他の事項」

表2-5　1単位の単価（サービス別、地域別に設定）

		1級地	2級地	3級地	4級地	5級地	6級地	7級地	その他
上乗せ割合		20%	16%	15%	12%	10%	6%	3%	0%
自治体数		23か所	6か所	24か所	22か所	52か所	137か所	169か所	1,308か所
人件費割合	①70%	11.40円	11.12円	11.05円	10.84円	10.70円	10.42円	10.21円	10円
	②55%	11.10円	10.88円	10.83円	10.66円	10.55円	10.33円	10.17円	10円
	③45%	10.90円	10.72円	10.68円	10.54円	10.45円	10.27円	10.14円	10円

①訪問介護／訪問入浴介護／訪問看護／居宅介護支援／定期巡回・随時対応型訪問介護看護／夜間対応型訪問介護

②訪問リハビリテーション／通所リハビリテーション／認知症対応型通所介護／小規模多機能型居宅介護／看護小規模多機能型居宅介護／短期入所生活介護

③通所介護／短期入所療養介護／特定施設入居者生活介護／認知症対応型共同生活介護／介護老人福祉施設／介護老人保健施設／介護医療院／地域密着型特定施設入居者生活介護／地域密着型介護老人福祉施設入所者生活介護／地域密着型通所介護

資料　社保審—介護給付費分科会第194回（令和2年11月26日）資料10「その他の事項」を一部改変

Q143 利用者の住所地と事業所の所在地が異なる場合
保険者が他県の場合、請求方法はどのように行うのか？

A 介護保険3施設は住所地特例のルールがあり、施設に入所する前に住所を有していた市町村にサービス費を請求する。

まず、介護保険3施設と特定施設（地域密着型特定施設を除く）、養護老人ホームは住所地特例制度に該当します。この制度は、介護保険においては地域保険の考え方から、住民票のある市町村が保険者となるのが原則ですが、介護保険施設等の所在する市町村に給付費の負担が偏ってしまうことから、施設等の整備が円滑に進まないおそれがあるため、**特例として施設に入所する場合には、住民票を移しても、移す前の市町村が引き続き保険者となる制度です**（→Q178（p.150参照））。この制度に基づき、住民票を施設に異動しても、介護保険の更新や変更の手続きも前住所地の保険者に申請し、サービス費も前住所地の保険者に請求します。ただし、事務的な手続きとしては、事業所の住所地にある国保連に請求を行います。

6 記録業務

スキル
面接力

スキル
質問力

スキル
分析力

ルール
運営基準

ルール
人員基準

ルール
算定基準

定　義

記　載

最適解

連　携

考え方

Q144 サービス担当者会議の記録の交付

サービス担当者会議の記録は、サービス担当者や利用者・家族に交付する必要はあるのか？

 サービス担当者会議の記録の交付の義務はない。

施設サービス計画書（ケアプラン）原案については、運営基準で「計画担当介護支援専門員は、施設サービス計画の原案の内容について入所者又はその家族に対して説明し、文書により入所者の同意を得なければならない」「計画担当介護支援専門員は、施設サービス計画を作成した際には、当該施設サービス計画を入所者に交付しなければならない」と規定され、ケアプランの交付は義務とされています※。

サービス担当者会議に、利用者・家族が参加することもあります。特に入所時のサービス担当者会議には、今後の施設での介護や支援がどのように提供されるのかを知り、今後の施設での生活を確認するためにも、可能な限り利用者・家族に出席してもらいたいものです。しかし、家族にも事情があって、利用者が施設入所になった経緯もあり、出席されないこともあります。施設が家族と調整したにもかかわらず、日程が合わずに出席できないこともあるでしょう。

サービス担当者会議の記録やその要点についての記録を利用者・家族に交付する義務はありません。しかし、利用者が施設での生活をその人らしく過ごすために、ケアプランの内容を利用者・家族が知り、理解することは大切なことです。

121

特にサービス担当者会議に家族が出席できなかった場合には、ケアプランについて、施設の専門職からどのような意見があり、今後の利用者への介護や支援がどのように検討されたのかを知ることで、ケアプランの内容の理解を深められることになります。利用者にとってよりよいケアプランとするためには、家族もその作成経過を知ることは大切なことです。

サービス担当者会議の記録やその要点についての記録を交付する義務はありませんが、家族が記録を確認できることで、施設と家族がお互いの信頼関係を築き、共通理解をしたケアプランに沿ったサービスを提供するための手続きとなるでしょう。

※ 指定介護老人福祉施設の人員、設備及び運営に関する基準（平成11年厚生省令第39号）第12条第7項・第8項等

第6章 記録業務

Q145 支援経過の書き方

支援経過の書き方がよくわかない。

A 記録の目的を理解して、利用者に対する支援の内容を記録する。

施設にはさまざまな記録があります。それぞれの記録には、何のためにその記録をするのかという目的があります。

記録には、「正確な情報の共有のため」「ケアの点検と技術を高めるため」「チームワークのため」「社会的責任を明確にするため」といった目的があり、その**目的を理解し、記録をすることが重要です**。

ケアマネジャーが記録する支援経過は、インテークから始まり、アセスメント、ケアプラン原案の作成、サービス担当者会議、ケアプランの実施、モニタリング、評価といったケアマネジメントプロセスに沿って、利用者や家族からの相談や他職種との連携の内容、保険者等の関係機関との連絡調整の内容を記載します。ケアマネジャーが利用者の支援を通じて把握したことや判断したことを記載します。

支援経過ですから、**漠然と記載するのではなく、項目ごとに整**

理し、時系列で記載します。ケアマネジャーがいつ・どこで・誰に（誰と）・なぜ・どのような支援を行ったのか、誰から相談や報告を受け、それに対して、どのような助言や回答などを行ったのか、他職種や関係機関と、どのような調整や依頼、相談を行ったのかなどの客観的な事実や判断の根拠を記録します。**誰もが理解できるように、略語や専門用語は避け、具体的に、簡潔かつ適切な表現で記載します**※。

※ 介護サービス計画書の様式及び課題分析標準項目の提示について（平成11年老企第29号）

Q146 支援経過記録とモニタリング記録の違い
支援経過記録とモニタリング記録の違いがよくわからない。

A それぞれの目的を理解して、記録を行う。

　支援経過記録は、ケアマネジャーが利用者を支援するにあたって、その手法であるケアマネジメントプロセス（インテーク、アセスメント、ケアプラン原案の作成、サービス担当者会議、ケアプランの実施、モニタリング、評価）に沿って、ケアマネジャーがどのような支援や行動をとったかという実践を証明する記録です。

　モニタリング記録は、ケアマネジメントプロセスのなかで、ケアプランが実施されたことによる利用者の施設での生活の評価のために行われ、モニタリングの結果が記録されます。モニタリングは、定期的な面接とモニタリングの記録が義務づけられています。

　しかし施設サービス計画の実施状況やその結果である利用者のサービスに対する満足度、そして支援の効果、新たな課題や施設サービス計画の変更の必要性がないかといった、モニタリングの内容を支援経過に記録することは、その後の情報共有や課題の整理を行うには、記録が膨大になり、見にくく読み返すことが困難になってしまいます。

　そこでモニタリングのための記録様式を活用することで、施設サービス計画の実施状況やその結果（利用者の変化等）が視覚的に記載されます。また、その内容は各職種間の情報の共有が可能にな

スキル
面接力

スキル
質問力

スキル
分析力

ルール
運営基準

ルール
人員基準

ルール
算定基準

定　義

記　載

最適解

連　携

考え方

ります。利用者支援を、家族や施設内外の関係者・専門職でチームになって行う施設においては、そのチームの支援が最適であったかを評価するために役立つ記録になります。

　施設サービス計画の実施状況は、継続的な観察や定期的な情報収集が必要になります。利用者・家族や施設内の各専門職からの聞き取りやそれぞれの記録の確認が必要です。バラバラになっている情報を集約し、評価するための情報を分析しなければなりません。そのためにもモニタリング記録を支援経過記録とは別に記録することが必要になります。

　モニタリング記録により施設サービス計画や支援の効果を検証できることで、施設サービス計画の変更や支援の見直しのためのツールとなります。モニタリングを含むケアマネジメント業務の効率化を図り、情報共有を行うために、それぞれの施設に適したモニタリング様式およびその記録様式を活用してください。

Q147 記録の保存について

記録の保存は何年間？

 原則、完結の日から2年間保存する。

　指定介護老人福祉施設の運営基準では、「入所者に対する指定介護福祉施設サービスの提供に関する次の各号に掲げる記録を整備し、その完結の日から2年間保存しなければならない」とされています。整備・保存すべき記録として、指定介護老人福祉施設では、①施設サービス計画、②提供した具体的なサービスの内容等の記録、③身体的拘束等の態様および時間、その際の入所者の心身の状況ならびに緊急やむを得ない理由の記録、④市町村への通知にかかる記録、⑤苦情の内容等の記録、⑥事故の状況および事故に際して採った処置についての記録が規定されています※1。

　また、介護老人保健施設においては、上記記録のほか、日常生活を営むことができるかどうかについての検討の内容等の記録を※2、指定認知症対応型共同生活介護事業者においては、運営推

進会議における報告、評価、要望、助言等の記録を整備するよう規定されています※3。

保存期間の開始とされる「その完結の日」とは、「個々の入所者につき、契約終了（契約の解約・解除、他の施設への入所、入所者の死亡、入所者の自立等）により一連のサービス提供が終了した日を指すものとする」とされています※4。また、都道府県または保険者の条例によって5年間保存すると定めている場合もあります。事業所所在地における基準は、必ず確認するようにしてください。

介護老人保健施設におけるサービスの提供に関する記録には診療録が含まれます。診療録については、医師法の規定により、5年間保存しなければならないとされています※5。

指定介護老人福祉施設や指定認知症対応型共同生活介護事業所は、老人福祉法で特別養護老人ホーム、認知症対応型老人共同生活援助事業と規定されています。それぞれの施設や事業所が関係する法や基準を確認しましょう。

※1　指定介護老人福祉施設の人員、設備及び運営に関する基準（平成11年厚生省令第39号）第37条第2項
※2　介護老人保健施設の人員、施設及び設備並びに運営に関する基準（平成11年厚生省令第40号）第38条第2項第2号
※3　指定地域密着型サービスの事業の人員、設備及び運営に関する基準（平成18年厚生労働省令第34号）第107条第2項第7号
※4　指定介護老人福祉施設の人員、設備及び運営に関する基準について（平成12年老企第43号）第四の41
※5　介護老人保健施設の人員、施設及び設備並びに運営に関する基準について（平成12年老企第44号）第四の39

スキル
面接力

スキル
質問力

スキル
分析力

ルール
運営基準

ルール
人員基準

ルール
算定基準

定　義

記　載

最適解

連　携

考え方

7 チームケア

Q148 医師や看護師への伝え方

医師や看護師と話していると、威圧的に感じるため緊張して伝えたいことがまとめられない。どうしたら耳を傾けてもらえるようになるのか？

A 「生活」を伝える代表という自覚をもち、伝え方を意識してトレーニングする。

利用者をサポートするなかでまず、「医療」と「介護」の領域があり、それぞれの役割があります。「介護」の役割は、日常生活を安全かつ快適にその人らしい生活を送れるようサポート（介助）することで、「医療」の役割は、病気やけがなどの治療、療養のサポート、病気を予防するためのケア（観察）です。どちらも「一人ひとりの人生、生活を見守りサポートする」ことが観点で、**ふだんの「生活」の情報共有が必要不可欠です。その「生活」を伝える代表という気構えを常にもつことです。**伝える際は、報告なのか相談なのか明確にしたうえで、事前にメモでまとめておくのもよいでしょう。また、そのことを伝えるに至った根拠や、ケアマネジャーとしての考え（アセスメント）も含め、できるだけ端的に結論から伝えるとよいでしょう。それにはふだんから他者へ何かを伝える場面の際、意識することでトレーニングになります。また、何気ない話や医療的な質問をするなど、ふだんから積極的にコミュニケーションを取り、感覚的に慣れることも大事です。

Q149 主治医との付き合い方

主治医から、「このサービスを利用したほうがよい」「ここの事業所がよい」と言われるが、どうしたらよいか？

A ケアマネジャー判断でなく、本人や家族の利用への自己決定に向けた支援を行う。

例えば主治医から、リハビリテーションが必要と判断されたケースがあるとします。ケアマネジャーの役割として、利用者本人・家族やスタッフへリハビリテーションの必要性を伝えるため、診察に立ち会い、必要な理由や利用しないとどうなるか、リハビリテーションを実施する期間等、利用者の代弁者となり、そのうえで本人や家族に説明し、利用の可否を確認します。また、主治医からリハビリテーション事業所の指定があった際は、指定した理由も確認し、本人や家族に説明したうえで、判断を仰ぎましょう。**主治医からの意見はあくまでも提案としてとらえ、本人や家族の自己決定支援を行います**。そのうえで、主治医の提案どおりにならなかった際は、反対にその理由を医師へ丁寧に説明することに努め、信頼関係を維持できるようにしましょう。

Q150 嚥下障害の場合の多職種へのつなぎ方

嚥下障害の場合、ST（言語聴覚士）や歯科医師、看護師、管理栄養士とかかわる職種はたくさんあるが、どの職種につなげればよいのか教えてほしい。

A チームケアでそれぞれの役割を担い、調整する。

まずは、医師や歯科医師に相談し、障害の程度を確認してもらいましょう。そのうえで十分な栄養や水分が確保できるよう、食事形態の変更やとろみ剤を使用する（程度も含めて）等、管理栄養士や看護師と連携し、提供方法や誤嚥のリスクも含め、介護職員とも共有が必要です。継続的な口腔内管理として、歯科衛生士の介入も

スキル
面接力

スキル
質問力

スキル
分析力

ルール
運営基準

ルール
人員基準

ルール
算定基準

定義

記載

最適解

連携

考え方

考えられます。また、ST（言語聴覚士）は、リハビリテーションの専門職で、話す・音を聞く・ことばを理解する・書く・読むといったコミュニケーション機能や、食べる・飲む・飲み込むといった摂食・嚥下機能に障害がある人に対して、機能の回復・改善を図る役割があります。導入の際には医師からの指示が必要で、嚥下機能の改善の可能性やリハビリテーションの必要性の相談も行いましょう。利用者や家族のニーズも引き出したうえでサービス担当者会議を開き、目標やそれぞれの役割を明確にし、チームケアが円滑にできるよう、調整が必要です。

Q151　PTとOTの違い

PT（理学療法士）とOT（作業療法士）の違いを利用者家族にうまく説明できない。

 以下のとおりである。

PT（理学療法士）とOT（作業療法士）の役割の違いを家族に説明する際には、リハビリテーションの目的に焦点を当てて説明するとわかりやすいと思われます。**PTは主に身体機能の回復をサポートし、歩行や筋力、バランスの改善を目指す専門家です**。例えば、転倒防止のための歩行訓練や関節の動きをスムーズにする訓練を行います。一方、**OTは日常生活動作の改善をサポートする専門家で、食事や着替え、掃除など日常の活動を行う能力を向上させることに重点をおいています**。家族に説明する際は、「PTは身体を動かす力を、OTは日常生活の動作を支える」と説明すると理解が得やすいでしょう。

Q152 居宅療養管理指導を行う職種

居宅療養管理指導をしてくれる職種を教えてほしい。

 医師、歯科医師、薬剤師、歯科衛生士、管理栄養士。

居宅療養管理指導では、それぞれの専門職から生活指導やアドバイスが受けられます。また、困りごと、悩みごとの相談もできて、とても頼りになります。管理栄養士には、なかなか食が進まない利用者の食形態の工夫や栄養面の相談、とろみのつけ方、食材の助言をもらったり、薬剤師には、利用者が薬を飲み忘れない工夫など、歯科衛生士には、口腔内の問題を解消するための歯みがきや義歯の手入れの仕方、摂食機能訓練、食事時のポジショニングなどの助言をもらえます。また、職種によって算定できる回数が違い、施設によっては算定できない場合がありますので、注意しましょう。

Q153 家族と主治医の意見調整

看取りの際、家族と主治医の意見がくい違うことがある。家族の思いを尊重しつつ、医師に不快な思いをさせないアプローチは可能か？

 家族と主治医の間に立って、橋渡しを行う。

看取りにおいては、当初話し合って決めていたことでも、場面ごとで家族の気持ちは揺らぐもので、気持ちが変化することはよくあることです。

一方、主治医も看取りに関しての考えは人によって違います。家族と医師のコミュニケーション不足で信頼関係が構築できていない場合などは、特にこのような問題が起こり得ます。

こうした場面では、施設側としては、家族の揺らぐ思いを代弁し、「このような希望がありましたが、先生としてはどうお考えですか」と医師に問いかけ、でき得るなら、家族の希望に添いたい旨を伝え

スキル 面接力

スキル 質問力

スキル 分析力

ルール 運営基準

ルール 人員基準

ルール 算定基準

定義

記載

最適解

連携

考え方

ます。その際、利用者本人が会話の可能だった頃に話をしていた言葉も伝えるようにします。丁寧なアプローチを重ねれば、たいていは双方のすり合わせが可能となります。

Q154 STの担う役割
ST（言語聴覚士）の担っている役割について知りたい。

A 話すこと、聞くこと、食べることの障害に対応している。

言語障害や構音障害、高次脳機能障害、嚥下障害、聴覚障害など、**話すことや聞くこと、食べることに関する障害に対応します**。具体的には、対応法を見出すために検査・評価を実施し、必要に応じて訓練、指導、助言、その他の援助を行います。

Q155 社会福祉法人等による利用者負担額軽減制度 BEST
社会福祉法人等による利用者負担額軽減制度について、料金などの説明がうまくできない。

A わかりやすく解説しているツールを活用する。

わかりやすく記載されているツールで、情報をともに見ながら説明していきます。

なお、社会福祉法人等による利用者負担額軽減制度とは、低所得で生計が困難である者について、介護保険サービスの提供を行う社会福祉法人等が、その社会的な役割に鑑み、利用者負担を軽減することにより、介護保険サービスの利用促進を図ることを目的とするものです（p.133参照）。対象となる要件や手続きについては、保険者である市町村のホームページや担当窓口に確認しましょう。

Q156 生活保護について

生活保護について聞かれたらどうすればよいか？

A 定期的に生活保護担当のケースワーカーと連携を図り、自身の知識を深めていく。

　対象となる利用者が多いような施設では、生活保護制度に関する基本的な知識は押さえておきましょう。ただし、その人の収入や世帯状況により対象となるかの判断は一概にはできません。支援が必要な場合には、制度の概要を伝え、直接市役所の窓口で相談されることを勧めます。また収入等の変化により、途中から生活保護の対象からはずれることなどもありますので、担当のケースワーカーとは定期的に連絡を取り、現状の把握に努めていきましょう。

Q157 主治医意見書の作成費用

主治医意見書の作成費用を、主治医が所属している医療機関ではなく、担当している施設に振り込んでもらうことは可能か？

A 市町村によって判断が異なる。

　原則は医療機関への振り込みとなりますが、相談することで施設への振り込みが可能な市町村もあります。所属の窓口へ相談してください。

Q158 低所得者や生活保護受給者の施設入居・入所

低所得者や生活保護受給者でも施設入居・入所は可能か？

A 条件はあるが入居・入所は可能。

　特定入所者介護（予防）サービス費（補足給付）は、厚生労働省令で定めた要介護被保険者（特定入所者）が、特定介護（予防）サー

131

ビスを受けたときに支払う特定介護保険施設等における食費および居住費または滞在費について、所得や資産等の段階に応じて負担限度額を超える額に対して介護保険より支給されます。低所得者や生活保護受給者が施設サービスを利用する場合は、こうした補足給付を受けることにより介護保険施設、地域密着型介護老人福祉施設入所者生活介護や（介護予防）短期入所生活介護および（介護予防）短期入所療養介護（ショートステイ）を利用することができます。

また、給付条件に当てはまらない場合でも、夫婦のどちらかが介護保険施設に入所し食費・居住費の負担が大きく生活が困窮してしまうと判断された場合には、特例減額措置が適用されることもあります。

その他の負担軽減制度・補足給付は以下のとおりです。

【高額介護サービス費】

要介護被保険者が受けた居宅サービスや地域密着型サービス（相当サービスを含む）、施設サービス費用の合計額として政令で定めた算定額に対して、支給された居宅介護サービス費、特例居宅介護サービス費、地域密着型介護サービス費、特例地域密着型介護サービス費、施設介護サービス費および特例施設介護サービス費の合計額を控除した介護サービス利用者負担額が月々の利用者負担額（福祉用具購入費や食費・居住費等一部を除く）の合計額の上限を超えた場合に支給されます。支給を受ける場合は市町村に申請します。

【高額医療合算介護サービス費】

同じ世帯内で医療保険と介護保険両方に1年間（8月1日〜翌年7月31日）の基準額を超えた自己負担が生じた場合は、要介護被保険者に対して合算後の負担額が軽減されます。所得や年齢等により細かく段階が設定され、支給を受ける場合は市町村に申請します。

【特例特定入所者介護サービス費】

特定入所者が要介護認定の効力が生じた日より前に、緊急その他やむを得ない理由により特定介護サービスを受けた場合で必要があると認めるときや政令で定められている場合には、特例特定入所者介護サービス費が支給されます。特例特定入所者介護サービス費の額は、食事の提供に要した費用について食費の基準費用額から食費の負担限度額を控除した額および居住費の基準費用額から居住費の

負担限度額を控除した額の合計額を基準として、市町村が定めます。
【社会福祉法人等による利用者負担額軽減制度】

　低所得で特に生計が困難である者に対して介護保険サービスの利用促進を図るため、介護保険サービスを提供する社会福祉法人等が利用者負担額を軽減する制度です。

表2-6　社会福祉法人等による利用者負担額軽減制度

軽減の対象となるサービス	訪問介護、通所介護、（介護予防）短期入所生活介護、定期巡回・随時対応型訪問介護看護、夜間対応型訪問介護、地域密着型通所介護、（介護予防）認知症対応型通所介護、（介護予防）小規模多機能型居宅介護、地域密着型介護老人福祉施設入所者生活介護、複合型サービス、介護福祉施設サービス、総合事業の第１号訪問事業・第１号通所事業のうち、介護予防訪問介護・介護予防通所介護に相応する事業
利用者負担	介護サービス費用の負担、食費、居住費（滞在費）、宿泊費
対象者の条件	市町村民税世帯非課税であり、下記の①〜⑤の要件を全て満たす者のうち、その者の収入や世帯状況、利用者負担等を総合的に勘案し、生計が困難な者として市町村が認めた者および生活保護受給者 ①年間収入が単身世帯で150万円、世帯員が１人増えるごとに50万円を加算した額以下であること。 ②預貯金等の額が単身世帯で350万円、世帯員が１人増えるごとに100万円を加算した額以下であること。 ③日常生活に供する資産以外に活用できる資産がないこと。 ④負担能力のある親族等に扶養されていないこと。 ⑤介護保険料を滞納していないこと。 ※旧措置入所者で利用者負担割合が５％以下の者については軽減制度の対象としない（ユニット型個室の居住費や生活保護受給者の個室の居住費にかかる利用者負担額については対象）。
軽減の程度	利用者負担の１/４（老齢福祉年金受給者は１/２、生活保護受給者は利用者負担の全額）を原則とし、免除は行わない。市町村が申請者の収入や世帯状況、利用者負担等を総合的に勘案して個別に決定し、確認証に記載。

※　低所得者に対する介護保険サービスに係る利用者負担額の軽減制度の実施について（平成12年老発第474号）

スキル
面接力

スキル
質問力

スキル
分析力

ルール
運営基準

ルール
人員基準

ルール
算定基準

定　義

記　載

最適解

連　携

考え方

Q159 障害者手帳の取得 BEST!
障害者手帳の取得やその内容について知りたい。

A ホームページ等にて必要な書類を確認して持参し、障害担当課にて申請する。

　障害者手帳は、身体障害者手帳、精神障害者保健福祉手帳、療育手帳の3種類がありますが、年齢により申請できない（75歳以上では後期高齢者医療被保険者となるため、病院窓口での個人の医療費負担額が少ない等の理由から）場合もあります。そのため、診断書を取り寄せる際には事前に該当となるかどうか主治医や自治体の担当窓口に確認する必要があります。

【身体障害者手帳】
　一定期間以上継続し、日常生活に支援が必要とされた人が取得できます。種類は、①視覚障害、②聴覚または平衡機能の障害、③音声機能、言語機能またはそしゃく機能の障害、④肢体不自由、⑤心臓、じん臓もしくは呼吸器またはぼうこうもしくは直腸、小腸、ヒト免疫不全ウイルスによる免疫もしくは肝臓の機能の障害があります。身体障害者手帳の交付申請は、都道府県知事や指定都市市長、中核市市長が指定する医師の診断書、写真、申請書を自治体の障害担当課（自治体により名称は異なる）に提出します。医療費負担の軽減や補装具購入の助成、税金（国税・地方税）の免除、公共交通機関の運賃等の割引、就労支援等の制度があります。

【精神障害者保健福祉手帳】
　一定程度の精神障害の状態にあることを認定するもので、1級から3級まであります。気分障害や統合失調症等により精神科を受診し、初めて診断を受けてから6か月以上経過していることが条件であり、申請には医師の診断書が必要です。社会参加促進のために公共料金等の割引や税金の控除・減免、就労支援等さまざまな支援策が講じられています。自治体の担当窓口を経て都道府県知事や指定都市市長に申請を行います。2年ごとに更新手続きが必要ですが、いつでも手帳を返還することができます。

【療育手帳】

児童相談所または知的障害者更生相談所において、知的障害があると判断された人に交付され、原則として有効期間はありません。障害サービスや自治体のサービスを利用することができます。自治体により運用方法が異なるので確認が必要です。発達障害と知的障害の両方がある場合は、精神障害者保健福祉手帳の取得もできます。

スキル
面接力

スキル
質問力

スキル
分析力

ルール
運営基準

ルール
人員基準

ルール
算定基準

定　義

記　載

最適解

連　携

考え方

8 本人の意向・家族対応

Q160 まったく面会に来ない家族への対応

電話をしても、手紙を出しても、何かと理由をつけてまったく面会に来ない家族がいる。何かよい方法があれば教えてほしい。

A あきらめずに思いつく策を実行する。

　ケースによりますが、本当に忙しい家族もいれば、利用者のことは施設にまかせきりでかかわりあおうとしない家族もいます。しっかりしていた父母が認知症になり、自分のこともわからなくなってしまった現実から回避したい家族、利用者の最近の様子を手紙で伝えても、反応がない家族など、さまざまですが、このような家族に対しては、自宅訪問をするほかないかもしれません。事例の一つとして、犬を飼っている家族のもとへ、利用者に同行し、犬に会いに来ましたと理由をつけて家族に面会してもらったことがあります。

　一方で、面会したい気持ちはあるが、仕事が大変で来られない家族には、オンライン面会をお願いして、面会を実現したこともあります。パソコンの画面に向かって笑顔で手を振り続けていた利用者が印象に残っています。

　家族もこれまでの生活歴・家族同士のかかわりが現在の関係を構築しています。**入所時のアセスメント等で、これまでの利用者と家族のあり方がどのようであったかを聞くことで、面会に来ない理由のヒントを得られるかもしれません。**

Q161 ケアプランの郵送と署名 BEST!

家族の面会も少なく、サービス担当者会議に出席してもらえない。ケアプランの説明もなかなかできず、同意ももらえないため、ケアプランを郵送し、署名をもらっているが、それでよいのか？

A 郵送でも構わない。日頃から連絡をとり利用者の状況を理解してもらう。

「施設サービス計画の原案の内容について入所者又はその家族に対して説明し、文書により入所者の同意を得なければならない」と運営基準で示されています※。また、令和3年の運営基準の改正で事務負担軽減のため、署名以外の手段として電磁的方法も認められています。**署名押印などによる説明・同意の立証の具体的な代替手段として「メール」や「電子署名」が示されています。**

施設入所時に家族の役割について理解してもらい、入所後も協力してもらうことを確認しておく必要があるでしょう。しかし、家族にもさまざまな事情があり、日程調整が難しく、サービス担当者会議に出席してもらえないこともあるでしょう。できるだけ早い時期に日程調整を行い、サービス担当者会議の出席を調整することができるとよいでしょう。それでもサービス担当者会議に出席できない場合は、事前に利用者の意向や現状、新たに確認された課題を家族に伝え、家族の意向や家族の支援について確認することが重要です。

サービス担当者会議で確定されたケアプランに、郵送で署名をもらうことはできます。しかし、ケアプランを送付し署名を求めるだけでは、施設に対する信頼を損なう可能性もあり、入所者の支援への協力を得ることができなくなることも考えられます。サービス担当者会議の終了後には、検討された内容、その結果、ケアプランおよび今後の支援について、家族に報告することも大事なプロセスです。ケアプランについて理解してもらい、今後の支援への協力や家族の役割を担ってもらうことが可能になるでしょう。

※ 指定介護老人福祉施設の人員、設備及び運営に関する基準（平成11年厚生省令第39号）第12条第7項等

Q162 認知症のある利用者の権利擁護 BEST!
認知症のある利用者本人にサインをさせておいて、それでOKと家族は言うが、本当にそれでよいのか？

A ケアプラン等、内容が密なものはできるだけ、代理人とも顔を合わせる。

サインは文書の内容と説明に同意をしたという証の一つです。本人の認知症状の理解度にもよりますが、同じ内容を家族等代理人にも必ず説明を行います。そのうえで基本は本人のサイン（書けない場合は代筆）と、家族等の代理人の名前と関係性（長女や長男・姪や甥・後見人等）を記入してもらいます。申請書類など施設生活を送るなかで必要なものであれば、事前の説明や電話ですませてもよいですが、<u>ケアプラン等、内容が密なものは、できるだけ顔を合わせる面談が望ましいでしょう</u>。多忙や遠方等で面談が困難な際は、書面を郵送した後に電話で説明し、郵送での返信を試みましょう。それでも本人のサインのみでOKの意向であれば、必ずその経過を記録しておきましょう。電話でなかなか連絡がとれず、例えばケアプランがスタートしても、代理人からサインをもらえていない状況が続く際は、利用者からのサインのうえ、郵送したことや、何度電話しても不在だったことを支援経過に記録するようにしましょう。

Q163 家族への伝達事項を伝える工夫 BEST!
面会時に家族へ伝達事項を漏れなく伝える工夫は？

A 受付時に家族との連絡ツールを活用する。

受付・相談員・フロアの職員が各々伝達すべき事項を整理します。面会時は基本的に受付を通ることになりますので、<u>受付の時点で家族への連絡事項がないかを確認する</u>ようにし、必要があれば、そこからつなぐようにすることで漏れを防いでいきます。就労等で

なかなか面会に来られない家族もいるため、**入所時に連絡をどのように行うか確認し、電子メールの活用なども検討しておくと、伝達漏れをより防ぐことができます**。

Q164 家族への離床センサー使用の説明 BEST!
離床センサー使用開始時にセンサー使用の説明を家族にする必要はあるのか？

A 説明することが望ましい。

そもそも離床センサーを使用する目的があるはずです。絶対に離床しないように、センサーが反応したらすぐに押さえつけるということでは、身体的拘束となってしまいます。転倒・転落の防止や歩行介助などの目的があると思いますが、家族が面会に来たときに、何の説明もなくセンサーが設置されていたとしたら、信頼関係が崩れかねません。**家族には、センサーを使用する意味を説明しておくことが望まれます**。また、センサーを使用していても、100％転倒リスクを回避できないことも、同時に説明しておきましょう。

Q165 サービスへの家族の意向 BEST!
サービスへの意向について、家族の意向に沿うのが難しい場合の対応について教えてほしい。

A あくまで利用者本位である。

家族からすれば、これまでの利用者との過ごしてきた時間があり、利用者に「こうあってほしい」「こんなサービスをしてほしい」などと思うことは当然です。ただし、その思いと利用者の思いや心身の状態などに隔たりが生じることも起こり得ます。その場合、**利用者の思いや生活の状況・ADL（日常生活動作）・体調・疾患・精神状態などを家族に伝え、施設でどう過ごすのが利用者本人にとって望ましいのか、それに対してどのようなサービスを提供するのが**

スキル
面接力

スキル
質問力

スキル
分析力

ルール
運営基準

ルール
人員基準

ルール
算定基準

定　義

記　載

BEST!
最適解

連　携

考え方

よいと考えられるのかを説明し、理解を求めていきましょう。利用者の状態変化をなかなか受け入れられないこともあるかと思いますが、ふだんから利用者の変化を伝えていくことで、家族も受け入れやすくなると思います。

9 業務範囲・生産性向上

Q166 ICT化への適応
高齢のケアマネジャーがICT化の流れについていけない。どうすればよいか？

A 研修を重ね、学習意欲を引き出していく。

介護保険制度が始まった初期の頃のケアマネジャーが高齢になり、現在、リタイアしていく人が増えていますが、それでもまだまだ元気な高齢のケアマネジャーが頑張っています。

しかし、施設も居宅もどんどんICT化が進み、手書きの記録に慣れた高齢のケアマネジャーにとって、タブレット端末で記録するのは、操作を覚えるところからですので一苦労です。

操作を覚えることができれば、苦手意識を払拭できますので、まずは、高齢のケアマネジャー向けに特化した**研修**を行ってみてはどうでしょうか。また、勤務中、つど、繰り返し指導していくことで反復され、記憶に定着していきます。そうして少しずつでも理解ができてくると、楽しくなってきてICT（情報通信技術）の学習に対する意欲も出てくるでしょう。また、パソコンやタブレット端末などのスクリーンショット（画面キャプチャ）機能を活用し、**操作手順が直感的にわかるマニュアルを作成すること**も有効です。最近では、音声入力で要約してくれるツールなどもありますので、あきらめずにその人が使える方法を検討してみてはいかがでしょうか。

機器の操作技術の習得に時間はかかると思いますが、時代の流れに乗って、楽しく覚えられる職場環境にしていきましょう。

スキル 面接力

スキル 質問力

スキル 分析力

ルール 運営基準

ルール 人員基準

ルール 算定基準

定義

記載

BEST! 最適解

連携

考え方

Q167

ケアマネ業務に専念する時間の確保 BEST!

人手不足でケアマネジャーと介護職を兼任しているため、ケアマネジャーの業務を行うための残業が増えている。
時間の確保はどうすればよいか？

A 管理者・施設長と話し合い、環境の改善を図る。

兼任はよく聞く話ですが、残業が増えているのであれば改善が必要です。まずは、管理者・施設長と話し合い、ケアマネジャーの業務が時間外になってしまうことの現状を説明し、このままでは本来やるべきケアマネジャーの業務が遂行できないことへの対策を協議します。

例えば、1か月のうち2日はケアマネジャーの業務に専念する日を設ける、その日は管理者も介護職だけで回せるシフトを作成するなど、現実的にできるところから業務改善を始めましょう。

Q168

生活相談員（支援相談員）と施設ケアマネの業務の違い ⚑

生活相談員（支援相談員）と施設ケアマネの業務の違いは？

A 施設ケアマネはケアマネジメント中心の業務。生活相談員（支援相談員）の業務規定はない。

生活相談員（支援相談員）と施設ケアマネジャーともに、配置基準は入所者100人に対して1人で、ここを満たせば介護職も含めて兼務は可能です。どちらも相談業務があり、重複する場面も多く、明確な業務の線引きはなく、役割分担は各施設によって違います。ただ、どちらも相談援助技術のスキルが必要な職種ですので、そのスキルに長けた人材を配置することが必要です。また、生活相談員（支援相談員）という資格はなく、業務内容の規定はありません。ただ、誰でもできる職種ではなく、例えば特別養護老人ホームでは、老人福祉法に基づく基準※があり、それに沿って、各都道府県の条例（特別養護老人ホームの設置主体は都道府県のため）で、生活相

談員の資格要件が定められています。そのため、各自治体での確認が必要ですが、おおよそは、「社会福祉法第19条第1項各号のいずれかに該当する者又はこれと同等以上の能力を有する者」と規定する自治体が多く、具体的には(1)社会福祉主事任用資格、(2)社会福祉士、(3)精神保健福祉士、(4)介護福祉士、(5)介護支援専門員、(6)その他同等以上と認められる能力を有する者となっています。

　施設ケアマネジャーは運営基準のなかで、主にケアマネジメントという明確な業務規定があります。

※ 特別養護老人ホームの設備及び運営に関する基準（平成11年厚生省令第46号）

Q169 福祉用具の管理

福祉用具の管理（車いすの整備など）はケアマネジャーの仕事か？

ケアマネジャーの仕事とは限らない。

　移動手段を整えることは本人の自立支援にもつながることであり、福祉用具選定の助言や提案、値段等について情報を提供するのはケアマネジャーの仕事です。住環境整備については、必要に応じてケアプランにも記載します。モニタリングにおいても、福祉用具の導入やどのように動作しているのか、その用具は身体に合っているのかなど、使用状況について確認・評価をすることが必要です。福祉用具自体を管理することはケアマネジャーの業務であるとはいえませんが、本人が安全な環境で過ごすための住環境整備は必須です。車いすのタイヤの空気を入れる程度であれば専門的な知識は不要ですが、タイヤの交換やブレーキワイヤーの調整等については修理が必要になるので、地域の福祉用具販売店や福祉用具専門相談員に点検・修理を依頼するなど専門職につなげて、本人の移動手段を整えるようにしましょう。また、クッションなどが本人に合わせてフィッティングできているかといったことも、理学療法士などのリハビリテーションの専門職に相談しましょう。介護保険施設では標準的な福祉用具の準備はありますが、特定施設入居者生活介護やグループホーム、小規模多機能型居宅介護においては、本人が福祉用

スキル
面接力

スキル
質問力

スキル
分析力

ルール
運営基準

ルール
人員基準

ルール
算定基準

定　義

記　載

最適解

連　携

考え方

具を購入することが多いため、購入希望時は長期で使用することを考えて福祉用具販売店や福祉用具専門相談員に相談し、購入後の修理や点検等アフターサービスがあるかどうかを確認することも重要です。

Q170 介護報酬請求ソフト
介護報酬請求ソフトは、どのようなものを使用するとよいか？

 社内環境による。ソフトの進化も日進月歩であるため、使いこなしていくことが重要。

　「介護ソフト」とは、請求業務等、介護サービス施設・事業所での業務を支援するソフトウェアのことを指します。元々の介護ソフトは国民健康保険団体連合会への介護報酬請求が中心で、付属として利用者のフェイスシートや経過記録等、介護業務一連の内容が連動していましたが、近年、介護業界ではICT化が推進され、現場スタッフのタブレット入力や、スマートフォン等ICT機器への対応、「科学的介護情報システム（LIFE）」とのデータ連携等、近年、業務の効率化を推進し、生産性向上の一つの重要な手段となっています。国内には介護ソフト（介護システム）が100社以上存在し、ソフトの提供形態としては従来からのインストールタイプと社内のネットワークタイプ、インターネットを介するクラウドタイプがあります。それぞれメリットやデメリットがあり、コストも違います。こうしたソフトの進化は速いため、常に使用者が使いこなしていけることが必要となります。パソコンやICT機器は職員によって、操作に得手・不得手がありますので、介護ソフトの導入にあたっては、使い方をわかりやすくマニュアル化するなど、どの職員も同じように使いこなせるように工夫することで、施設全体の業務の効率化につながります※。

※　厚生労働省「介護ソフトを選定・導入する際のポイント集」

Q171 受診の付き添い者

受診の付き添いは施設職員か？ 家族か？

A 施設職員が付き添いをする場合もあるが、家族が付き添う場合もある。

　介護保険施設では協力医療機関の定めがあり、施設によっては複数の医療機関を定めることで要件を満たすこともできます（協力医療機関を定めることが義務づけられていますが、令和9年3月31日までは、努力義務とされています）。**協力医療機関以外への受診は、付き添いやタクシー代等、費用が発生します**。受診の付き添いの定めはありませんが、**家族が対応できない場合は費用を支払えば施設職員が付き添うことも可能であり、受診の付き添いを含めた外部有償サービスを利用することもできます**。金銭にかかるものについては、運営規程にて書面等をもって事前に同意を得ることとされています。その内容について重要事項説明書に記載してあるのか確認し、かつ、かかる料金についてきちんと事前に利用者や家族に説明をしておく必要があります。ただし、介護老人保健施設と介護医療院においては、常勤医師が配置され、比較的安定している病状に対する医療については施設で対応できるため、主治医が必要と判断した場合は通院を認めますが、不必要に往診や通院させることは認められていません※1・2。

※1　介護老人保健施設の人員、施設及び設備並びに運営に関する基準（平成11年厚生省令第40号）第16条第2項
※2　介護医療院の人員、施設及び設備並びに運営に関する基準（平成30年厚生労働省令第5号）第19条第2項

スキル
面接力

スキル
質問力

スキル
分析力

ルール
運営基準

ルール
人員基準

ルール
算定基準

定　義

記　載

最適解

連　携

考え方

Q172 新人のOJTや事業所の研修

新人のOJTや事業所の研修など、ケアマネジャーに丸投げされるが、本来はどうあればよいのか教えてほしい。

 丸投げではなく役割分担が必要。

　研修内容によっては、ケアマネジャーが講師になったほうがよい研修ももちろんありますが、そうではないものも当然あるため、管理者や施設長も含めた職場のスタッフに担ってもらうことで、**役割分担をするべき**です。

　施設により、ケアマネジャーの立ち位置が違うため、判断が分かれるところですが、例えば、介護職のレベルアップのためにＡ職員にOFF-JTに参加してもらい、学んだことを事業所内で伝達する講習をＡ職員に担ってもらったり、OJTであれば、管理者や介護リーダーにメンターになってもらうなど、施設内で協議して担当者を決めるとよいでしょう。

　特に新人の職員の場合に大切なのは、思いつきやその場の対応で指導するのではなく、その職員に合わせた育成計画（いつまでに何ができるようになるかの到達目標の設定と、実際の指導や研修内容等）を作成することです。ケアマネジャーだけで、OJTや研修をするのではなく、新人が入ったときの育成マニュアルや今いるスタッフの年間研修計画等を、施設として作成していきましょう。

10 その他

スキル
面接力

スキル
質問力

スキル
分析力

ルール
運営基準

ルール
人員基準

ルール
算定基準

定義

記載

BEST!
最適解

連携

考え方

Q173　個人情報　BEST!
ふだん連絡をとっていない親族から、利用しているショートステイの施設名を尋ねられたが、教えてもよいのか？

 教えない。

たとえ親族だとしても、利用者とどんな関係なのかはわかりません。教えることにより利用者の不利益になることも考えられます。こうした場合、**利用者のキーパーソンとなっている人を窓口として話を通してもらう**ようにしましょう。それが、利用者と施設を守ることになります。

Q174　ハラスメントへの対応　BEST!
利用者家族からセクハラ・パワハラまがいの行為を受けることがある。
どうしたらよいか？

 本人だけの問題とせず、施設全体で取り組む。

近年、このようなケースが増えています。泣き寝入りしたり、我慢したりするのはよくありません。まずは、**管理者に事実を報告する**ようにします。被害を受けた職員が1人で抱え込まないよう、**相談しやすい職場の雰囲気づくり**も重要です。

報告を受けた管理者は、当該行為を受けた職員のメンタル面を確

認し、適宜、別の職員を担当にするなどの応急対応が必要です。相手の態度が度を越している場合には、こちらも強い姿勢で対応することが求められます。

そうした対応については、弁護士が講師の研修会などで対策を伝授しています。このような研修に管理者・施設長が参加し、自施設での対策の仕方を検討し、施設全体に周知するなど、施設での取り組み・マニュアル作成・定期的な会議や研修等が必要です。厚生労働省のホームページでは「介護現場におけるハラスメント対策マニュアル」や「カスタマーハラスメント対策企業マニュアル」などが公開されていますので参考にしてみましょう。

Q175 避難訓練の実施
施設内の避難訓練はどのように実施しているか？

A 実際の災害を想定した訓練を年2回以上実施する。

防災委員会などを中心に、日中・夜間を想定した具体的な役割分担を行います。災害はいつ起こるかわかりませんので、**全スタッフが役割を理解しているか確認する**必要があります。施設の形態にもよりますが、利用者が参加できる場合には、ともに行うことが望ましいです。実際の避難経路の確認や、車いす利用者などの移動が困難な人への支援体制を確認します。介護施設の避難訓練は**年2回以上**と定められていますが、業務継続計画（BCP）の内容と合わせ、**実際の災害時に備えた現実的な訓練**を行っていきましょう。

Q176 介護職ができる医療行為
介護職ができる医療行為とはどのようなものか？

A 以下のとおりである。

介護職ができる医療行為は法律で定められていますが、一部は研

修等の資格取得により可能です。

表2-7 施設において介護職ができる医療行為の範囲

介護職ができる医療行為	自動血圧測定器を用いた血圧測定、パルスオキシメーターを使用した動脈血酸素飽和度の測定、湿布貼付、座薬の挿入、服薬・点眼介助、体温計を用いた体温測定、軽微な切り傷、擦り傷、やけどの処置、鼻腔粘膜への薬剤噴霧の介助
	（専門的な管理が必要でない場合の医療行為） 耳掃除（耳垢塞栓の除去を除く）、爪切り・爪やすり、歯ブラシや綿棒による口腔ケア、自己導尿補助におけるカテーテルの準備・体位保持、ストーマパウチにたまった排泄物の廃棄、市販の浣腸器を用いた浣腸
特定の条件を満たすことで実施できる医療行為	・口腔内や鼻腔内の喀痰吸引 ・気管カニューレ内部の喀痰吸引 ・胃ろう・腸ろうによる経管栄養、経鼻経管栄養
できないこと	摘便、褥瘡処置、インスリン注射、血糖測定、点滴管理

※ 医師法第17条、歯科医師法第17条及び保健師助産師看護師法第31条の解釈について（平成17年医政発第0726005号）

Q177 地域密着型サービスの利用

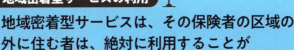

地域密着型サービスは、その保険者の区域の外に住む者は、絶対に利用することができないのか？

 原則、利用できない。

地域密着型サービスは平成18年4月施行の介護保険制度改正によって創設されたものであり、ある地域に住む要介護者に対してできる限り住み慣れた地域で生活を継続できるように、**市町村指定の事業所が地域住民に提供するものであるため、原則利用するのはその土地で生活する人**になります。ただし、事業所がある市町村の

スキル
面接力

スキル
質問力

スキル
分析力

ルール
運営基準

ルール
人員基準

ルール
算定基準

定　義

記　載

最適解

連　携

考え方

同意を得たうえで他の市町村がその事業所に対して指定を行った場合には、隣接する市町村の住民が利用することもできます。地域密着型サービスの種類としては、定期巡回・随時対応型訪問介護看護、夜間対応型訪問介護、小規模多機能型居宅介護、地域密着型特定施設入居者生活介護、地域密着型通所介護、認知症対応型通所介護、認知症対応型共同生活介護（グループホーム）、地域密着型介護老人福祉施設入所者生活介護、看護小規模多機能型居宅介護があります。

Q178 住所地特例 ▶

住所地特例とは何か？

A 施設入所の場合において、住所変更前に住所登録していた市町村を保険者とする特例措置である。

介護保険制度では、地域保険の考え方から、**住民票のある市町村が保険者となることが原則**ですが、施設が多く開設されている市町村への施設入所者数の増加等により、所在市町村に保険給付費の負担が偏ってしまうため、その**財源の均衡を保つために制定された制度**です。

住所地特例の対象施設は、介護保険施設（指定介護老人福祉施設、介護老人保健施設、介護医療院）と、地域密着型特定施設を除く有料老人ホーム（特定施設入居者生活介護の指定を受けていない賃貸借方式のサービス付き高齢者向け住宅や有料老人ホームを含む）、養護老人ホーム、軽費老人ホームです。認知症対応型共同生活介護は市町村が運営する地域密着型サービス事業所に該当し、住民票のある市町村でのサービス提供になるため、住所地特例の対象外です。障害福祉サービスでも住所地特例の対象となりますが、障害者総合支援法により適用外となる施設もあるので確認は必要です。

図2-3　住所地特例の例

①自宅のある市町村（A市）から他市町村（B市）の介護保険施設や特定施設に入所・入居する場合

②自宅のある市町村（A市）から家族等の住む他市町村（B市）に住所を移す場合

③自宅のある市町村（A市）から他市町村（B市）の介護保険施設や特定施設に入所・入居し、さらに別の市町村（C市）にある介護保険施設や特定施設に入所・入居する場合

※自宅（A市）から他市町村（B市）の介護保険施設・特定施設に入所・入居し、さらに別の市町村（C市）にある介護保険施設・特定施設に入所・入居する場合は、一番初めに住所登録していた市町村（A市）が保険者となる。

④自宅のある市町村（A市）から他市町村（B市）の介護保険施設や特定施設に入所・入居し、同じ市町村（B市）にある地域密着型サービス事業所に入居する場合

※自宅（A市）から他市町村（B市）の介護保険施設・特定施設に入所・入居し、さらに同じ市町村（B市）にある地域密着型サービス事業所に入居する場合は住所地特例の対象外であるため、住民票のある市町村（B市）が保険者となる。

スキル
面接力

スキル
質問力

スキル
分析力

ルール
運営基準

ルール
人員基準

ルール
算定基準

定　義

記　載

最適解

連　携

考え方

151

Q179 虐待への対応

虐待の疑われるケースに出会ったとき、どのように対応すればよいか？

A　まずは事実確認を行い、虐待の疑いがあると判断した場合、市町村に通報する。

　虐待については、「高齢者虐待の防止、高齢者の養護者に対する支援等に関する法律」（平成17年法律第124号）において、高齢者の福祉・介護サービス業務に従事する者による高齢者虐待の防止について規定されています（第2条）。この法律は介護保険施設等の入所施設や介護保険居宅サービス事業者など、老人福祉法や介護保険法で規定されている高齢者向け福祉・介護サービス従事者すべてが対象となります。また、運営基準において、虐待の未然防止や虐待等の早期発見、虐待防止検討委員会の設置や定期開催、従業者に対して新規採用時や定期的（年2回以上）に虐待防止のための研修を実施しその内容を記録することなどが定められており、管理者・職員の資質向上や個別ケアの推進、情報公開、苦情処理体制の整備等が求められています。施設内で事前に虐待に対して体制を整えておくことが必要です。

　虐待が発見された場合（疑いも含む）は、まずは各部署の責任者へ報告し、さらに施設長へ報告します。その後、虐待している職員やその他の職員へ聞き取りを行い、事実確認をします。虐待の疑いがあると判断した場合は、**速やかに市町村に相談・通報する義務**が規定されており、市町村等が行う虐待等に対する調査等に協力するように努めなければなりません。虐待が事実であった場合、再発防止策を検討、実行する必要があります。市町村長または都道府県知事は、養介護施設等の適正な運営を確保するために老人福祉法・介護保険法の規定による権限を行使します。施設に住民票を移していない高齢者の場合は、施設所在地の市町村等に通報等の対応を行います。平成18年4月1日からは公益通報者保護法（平成16年法律第122号）が施行されており、通報者に対する保護についても規定されています。

Q180 福祉用具についての取り扱い BEST!

車いすなどの福祉用具について、利用者の個別性の高い（ほかの利用者への汎用性のない）ものについての取り扱いは、どうしたらよいか？

A 基本的には施設で用意する必要がある。

おむつやタオル、寝具などはもちろんですが、車いすや歩行器、杖なども介護保険給付の対象に含まれるため、利用者に費用の支払いを求めることはできません。ですので、Qにある車いすにおいても、**施設で用意をする**必要があります。ただし、施設で用意した車いすを問題なく使用することができるにもかかわらず、利用者や家族の希望により個別で購入やレンタルをする場合などは、この限りではありません。その際には、介護保険が適用にならないため、自費扱いとなることを利用者や家族に説明しましょう。

Q181 運営指導と監査の違い

運営指導と監査の違いは何か？

A 運営指導は「調査」「指導」、監査は「処分」を目的としている。

運営指導とは、介護サービスの質の確保や保険給付の適正化など、適切な施設運営の徹底を促すことを目的とし、自治体が定期的・計画的に事前通告をしたうえで調査や指導を行います。

一方、監査とは、法令違反や指定基準違反、介護報酬の不正請求などが認められる、もしくは疑われる場合に行われます。その結果、改善勧告や改善命令、指定取り消しなどの処分が下されます。また、運営指導とは目的が異なるため、事前の通告なしに行われることもあります。

なお、令和4年度より「実地指導」から「運営指導」に名称が変更となっています。

スキル
面接力

スキル
質問力

スキル
分析力

ルール
運営基準

ルール
人員基準

ルール
算定基準

定　義

記　載

最適解

連　携

考え方

153

Q182 要介護認定の不服申し立て
要介護認定の不服申し立てはどこにすればよいか？

 介護保険審査会に審査請求をすることができる。

要介護認定など介護保険に関する行政処分に不服がある場合、各都道府県に設置されている**介護保険審査会に審査請求（不服申し立て）をする**ことが可能です。審査請求の手続きは、**要介護認定があったことを知った翌日から原則3か月以内**に行うことができます。なお、審査請求の方法や書類などは各都道府県によって異なります。審査請求を受けた介護保険審査会は、処分に違法性や不当性がないかを審査し、審査請求に理由があると認めた場合、処分の全部または一部を取り消し、市町村が改めて処分をやり直すことになります。

Q183 介護保険料の連帯納付義務
介護保険料の連帯納付義務とは何か？

 世帯主および配偶者にも納付義務がある。

介護保険法第132条において、第1号被保険者に介護保険料の支払い義務があることとともに、**第1号被保険者が属する世帯の世帯主および配偶者も当該介護保険料を連帯して納付する義務を負う**ことが明記されています。したがって、第1号被保険者が介護保険料を滞納した場合には、連帯納付義務者である世帯主および配偶者に対して、市町村が当該介護保険料を請求することがあります。

Q184 要介護度を下げるための区分変更申請

要介護度を下げるために区分変更申請を行うことは可能か？

A 可能。

　被保険者の状態が改善した場合、要介護度を下げてほしいと区分変更の申請を希望する利用者や家族もいるかと思いますが、そのような場合、当然区分変更申請を行うことは可能です。要介護度が下がれば、利用者の経済的負担の軽減、ひいては介護保険にかかる公費（税金）の削減にもつながります。要介護度が下がる可能性がある場合、利用者や家族から区分変更の希望があれば、申請に必要な支援をしましょう。また、利用者や家族の希望がない場合でも、ケアマネジャーは本人の状態と要介護状態区分の妥当性を確認し、必要に応じて区分変更申請を提案しましょう。

Q185 退所してもらう場合の手順

暴言、暴力などが収まらず、退所の方針が施設で固まった。どのような手順で進めればよいか？

A 家族の同意を得たうえで、適切な受け入れ先を見つけて調整する。

　暴言や暴力が収まらず、退所の方針が固まった場合、まずは家族や関係機関に状況を説明し、同意を得ることが重要です。その後、適切な受け入れ先を見つけ、退所のための調整を行います。入所者や家族の権利を尊重し、トラブルが最小限となるように慎重に進めることが求められます。また、施設内での記録や報告書を整理し、退所の理由を明確に説明できるようにしておくことが大切です。関係者全員の合意を得たうえで、円滑に退所手続きを進めていきます。

Q186 看取りへの対応について

看取りへの対応について（必要書類、家族への説明のポイント、看取り介護計画書作成のポイントなど）、利用者や家族にどう説明するのか？

A 医師、看護師など医療従事者の協力も得て説明する。

「看取り」という、利用者や家族にとってセンシティブな内容のため、不安も大きくなると思います。ケアマネジャーからだけではなく、医師や看護師などの医療従事者から、**医学的知見に基づいた利用者の現状、予後について説明してもらうことで、利用者や家族の理解が得やすくなり安心にもつながる**でしょう。また、看取り介護計画書の作成においても、医療的にどのような点に注意や配慮が必要かなど、アドバイスをもらいましょう。ただし、看取り対応となっても、これまでの生活との継続性が重要です。ケア目線になりがちですが、利用者主体の計画書を作成することを心がけましょう。

必要な書類は以下のとおりです。

① 看取りに関する指針：施設としての看取りに関する指針を定め、入所の際に利用者または家族に対して内容を説明のうえ、同意を得ることが必要。

② 看取り介護についての同意書：医師が医学的知見に基づき回復の見込みがないと診断した際に、予想される身体的変化や施設での対応について説明し、看取り介護を行うことに関して利用者や家族から同意を得ることが必要。同意書は必須ではないが、口頭で同意を得た場合には、説明した日時や内容、同意を得た旨を記録として残すことが必要。

③ 看取り介護計画書：アセスメントを行ったうえで、看取り介護計画書（原案）を作成し、サービス担当者会議を開催し、それぞれの意見を取りまとめたうえで看取り介護計画書の内容について利用者および家族に説明し、同意を得ることが必要。これにより、支援の方針や具体的なケアについて共有を図る。

そのほか、緊急時の家族との連絡方法などについて、改めて確認

をしておくとよいでしょう。

Q187 受診、通院時の施設送迎対応 BEST!
受診、通院時の施設送迎対応の割合はどの程度か？

 基本的には施設で送迎を行う。

受診、通院時の施設送迎対応は、施設の形態や利用者の体調、状況により異なります。家族の付き添いを原則としている施設では、状況に応じて家族か施設のどちらかが送迎を行います。施設職員が付き添う場合には、送迎は施設で行うことが多くなりますが、契約書などに送迎範囲や長距離となった場合の料金について記載しておきます。家族も施設も対応できない場合には、外部の介護タクシーなどのサービスを利用することになります。

Q188 本人によって持ち込まれた電化製品の電気代 BEST!
本人都合で持ち込まれた電化製品の電気代はどのように徴収しているか？

 施設側が必要と判断した家電以外は電気料金を徴収する。

重要事項説明書にあらかじめ記載しておき、それに基づいて徴収しましょう。

【電気利用料例】
　100W以下…10円／日
　200W以下…20円／日
　201W以上…40円／日

Q189 短期入所生活介護から介護老人福祉施設入所への切り替え

施設内で短期入所生活介護から介護老人福祉施設入所に切り替わった場合の算定について、注意すべき点は何か？

初期加算の取り扱いに注意が必要。

入所日から30日間に限って初期加算が発生しますが、併設または空床利用の短期入所生活介護から日を空けずに介護老人福祉施設入所へ切り替えとなった場合、**短期入所生活介護の利用日数を30日から差し引いた日数のみ算定**となるため、注意が必要です。居宅の担当ケアマネジャーと入所日を共有し、短期入所生活介護の利用日がいつまでになるのかをはっきりさせることも忘れずに行いましょう。

また、利用者や家族に対して、短期入所生活介護と介護老人福祉施設ではサービスが異なること、それによる対応の違いなどをしっかりと説明することも大切です。

Q190 長期入院による退所の基準

長期入院によって退所となる場合、何らかの基準は設けられているか？

入院期間3か月を目安としている施設が多い。

入院が長期的となり退院の見込みが難しい場合は、待機者の存在を考慮し、いったん退所の相談を行うことがあります。介護老人福祉施設などは介護サービスを提供する施設であり、医療行為は基本的に行いません。入所者が長期間にわたって医療行為を必要とする場合や、長期入院により身体状況に大きな変化があり、施設に戻っても適切な介護を提供できない可能性がある場合などは、退所の理由となることが多いようです。いずれにしても、施設としての基準を定め、入所時の契約書や重要事項説明書に記載したうえで説明しておきましょう。

運営基準では、「入所者について、病院又は診療所に入院する必要

が生じた場合であって、入院後おおむね3月以内に退院することが明らかに見込まれるときは、その者及びその家族の希望等を勘案し、必要に応じて適切な便宜を供与するとともに、やむを得ない事情がある場合を除き、退院後再び当該指定介護老人福祉施設に円滑に入所することができるようにしなければならない」とされています※。長期入院により退所となった場合でも、退院し施設で生活できる状態となった際は、円滑に再入所できるように対応しましょう。

※ 指定介護老人福祉施設の人員、設備及び運営に関する基準（平成11年厚生省令第39号）第19条

スキル
面接力

スキル
質問力

スキル
分析力

ルール
運営基準

ルール
人員基準

ルール
算定基準

定　義

記　載

最適解

連　携

考え方

第3章
施設ケア
マネジメント
の報酬関連編

3

運営基準・管理業務

Q191

特定施設入居者生活介護等における夜間看護体制① ¥

夜間看護体制加算（Ⅰ）の算定要件に「重度化した場合における対応に係る指針を定め」とあるが、どんな内容を盛り込めばよいのか？

A 以下のとおりである。

「重度化した場合における対応に係る指針」に盛り込むべき項目として、例えば、①急性期における医師や医療機関との連携体制、②入院期間中における認知症対応型共同生活介護における居住費や食費の取り扱い、③看取りに関する考え方、本人および家族との話し合いや意思確認の方法等の看取りに関する指針、などが考えられるとされていますので※1、特定施設入居者生活介護に合わせた内容を盛り込むとよいです。また、この「重度化した場合における対応に係る指針」は、入居に際して説明しておくことが重要です。なお、指針については、「特に様式等は示さないが、書面として整備し、重要事項説明書に盛り込む、又は、その補足書類として添付することが望ましい」とされており※2、夜間看護体制加算（Ⅰ）においても、これらの対応を求められることが考えられます。

※1 指定地域密着型サービスに要する費用の額の算定に関する基準及び指定地域密着型介護予防サービスに要する費用の額の算定に関する基準の制定に伴う実施上の留意事項について（平成18年老計発第0331005号、老振発第0331005号、老老発第0331018号）第二の6⑫⑥

※2 指定認知症対応型共同生活介護等に関するQ＆A（平成18年5月2日事務連絡）問10

第3章　施設ケアマネジメントの報酬関連編

Q192 特定施設入居者生活介護等における夜間看護体制②

夜間看護体制加算（Ⅰ）の算定要件に「夜勤又は宿直を行う看護職員の数が1名以上であって」とあるが、夜から朝まで宿直を行った際は翌日も行うことは可能か？

A できない。

宿直勤務については週1回と定められていますので、**連続で行うことはできません**※1。参考として、労働密度が低く、十分な休息をとることが可能と認められる宿日直は、労働基準監督署長から「宿日直許可」を得ることができ、宿日直許可の対象となった業務に従事する時間は、労働基準法の労働時間規制の対象から除外されるしくみがありますので注意してください（時間外労働として扱うことが多いです）。また、宿日直業務として特殊の措置を必要としない軽度のまたは短時間の業務に限ることと、通常の勤務時間と同態様の業務は含まれないこととされています※2。

※1　労働基準法の施行に関する件（昭和22年発基第17号）
※2　医師、看護師等の宿日直許可基準について（令和元年基発0701第8号）

Q193 特定施設入居者生活介護等における夜間看護体制③

夜間看護体制加算（Ⅰ）の算定要件に「夜勤又は宿直を行う看護職員の数が1名以上であって、かつ、必要に応じて健康上の管理等を行う体制を確保していること」とあるが、健康上の管理等を行う体制とは、その事業所に所属していない看護師でも業務に入れるのか？

A 条件により可能。

特定施設と同一建物内に病院、診療所または指定訪問看護ステーション（本問において、「病院等」という）が所在している場合、当

該病院等の体制に支障をきたすことなく、当該病院等に勤務する看護師または准看護師が、特定施設において夜勤または宿直を行った場合と同等の迅速な対応が可能な体制を確保していれば、**当該特定施設の施設基準を満たすものとして差し支えありません**※。このような体制をとっている場合は、利用者・家族にしっかりと説明する必要があります。同一敷地内でない場合で管理が可能という場合は、各管轄の行政に確認することをお勧めします。

※ 指定居宅サービスに要する費用の額の算定に関する基準（短期入所サービス及び特定施設入居者生活介護に係る部分）及び指定施設サービス等に要する費用の額の算定に関する基準の制定に伴う実施上の留意事項について（平成12年老企第40号）　第二の４⑾②

特定施設入居者生活介護等における入居継続支援加算

入居継続支援加算の算定要件に「テクノロジーを活用した複数の機器（見守り機器、インカム、記録ソフト等のICT、移乗支援機器等）を活用」とあるが、複数というのは二つ以上ということでよいか？

A 複数に値するが、留意点に注意が必要。

複数という言葉は**二つ以上**ということから、二つあればよいと解釈しますが、留意点が示されています。介護機器の内容として、a見守り機器、bインカム等の職員間の連絡調整の迅速化に資するICT機器、c介護記録ソフトウェアやスマートフォン等の介護記録の作成の効率化に資するICT機器、d移乗支援機器、eその他業務の効率化および質の向上または職員の負担の軽減に資する機器とあげられており、そのうちの**a～cまでにあげる介護機器は使用すること**となっています※。

※ 指定居宅サービスに要する費用の額の算定に関する基準（短期入所サービス及び特定施設入居者生活介護に係る部分）及び指定施設サービス等に要する費用の額の算定に関する基準の制定に伴う実施上の留意事項について（平成12年老企第40号）　第二の４⑺⑤イ

Q195 認知症対応型共同生活介護における医療連携体制加算① 重度化した場合の対応に係る指針について具体例はあるか？

A 急性期・入院期・看取り期についての内容を盛り込む。

具体例として、①急性期における医師や医療機関との連携体制、②入院期間中における認知症対応型共同生活介護における居住費や食費の取り扱い、③看取りに関する考え方、本人および家族との話し合いや意思確認の方法等の看取りに関する指針、などがあります。また、契約している訪問看護ステーションにおいて急性増悪時等においては診療報酬での算定が行えることもあるため、その内容も本人・家族に説明し、同意を得て、ケアプランに記載しておくとよいと思われます。

Q196 介護老人福祉施設等における給付調整 配置医師の診断における判断のなかで「投薬・注射、検査、処置など」とあるが、点滴注射を行った場合も介護保険での算定になるのか？

A 診療報酬での算定となる。

介護老人福祉施設の看護師等が行った医療行為については介護保険のなかで取り扱うこととなりますが、**薬剤や特定保険医療材料費については介護保険の取り扱いではなく、診療報酬での取り扱いになりますので、利用者の費用負担が必要になります。**また施設看護師等が検査のための検体採取等を実施した場合にも介護保険ではなく、診療報酬での取り扱いになります。またそれに関する衛生材料費も同じ扱いになります。ただし、薬剤等の備品については指示を行った保険医療機関が提供することとなっています※。ケアプランには看護師等が主治医の指示のもと点滴を行うという文言は入れても問題ありません。

※ 特別養護老人ホーム等における療養の給付の取扱いについて（平成18年保医発第0331002号）

Q197 介護老人福祉施設等における透析が必要な者に対する送迎

1月に送迎を12回以上行った場合に特別通院送迎加算が算定できるとのことだが、送迎手段は車でないと算定できないということか？

A 車以外でも算定可能である。

送迎は自事業所の車を使用しなければならないわけではなく、介護タクシーを使用した際に職員が付き添った場合も算定要件に当てはまります。また、職員の付き添いのもと徒歩、車いすによる通院送迎も同じです。

さらに、透析のついでに他科受診を行った際も、定期的な透析であれば算定要件に当てはまりますので、以上の内容を踏まえてケアプランに記載しておくとよいと思われます。

Q198 介護老人保健施設における所定疾患施設療養費①

所定疾患施設療養費（Ⅰ）の算定要件に「当該施設の前年度における当該入所者に対する投薬、検査、注射、処置等の実施状況を公表していること」とあるが、ホームページで公表する形でもよいのか？

A 自法人でのホームページの公表のみはお勧めしない。

公表については、**介護サービス情報の公表制度を活用する等により、前年度の当該加算の算定状況を報告する**こととされています※。施設全体として処置の実施をした際にカウントするしくみをつくっておくことをお勧めします。

※ 指定居宅サービスに要する費用の額の算定に関する基準（短期入所サービス及び特定施設入居者生活介護に係る部分）及び指定施設サービス等に要する費用の額の算定に関する基準の制定に伴う実施上の留意事項について（平成12年老企第40号）第二の6(38)⑦

Q199 緊急時等の対応方法の定期的な見直し

「指定介護老人福祉施設は、配置医師及び協力医療機関の協力を得て、1年に1回以上、緊急時等における対応方法の見直しを行い、必要に応じて緊急時等における対応方法の変更を行わなければならない」とあるが、会議等の開催義務はあるのか？

A 開催義務はない。

見直しを行ううえで打ち合わせは必ず必要となりますので、その方法をどうするかということがポイントとなります。メールや文書で行う方法もありますが、オンライン会議を活用するなどの効率化を図るとよいでしょう。取り決めにおいてはできるだけ具体的にしておくことをお勧めします。緊急時になると考える時間がとれないため、フロー等の見える化を行っておくことをお勧めします。

Q200 高齢者施設等における感染症対応力の向上①

高齢者施設等感染対策向上加算（Ⅰ）の算定要件に「協力医療機関等との間で、新興感染症以外の一般的な感染症の発生時等の対応を取り決める」とあるが、協議した内容等の記録は必要か？

A 協議した内容の記録はあるほうが望ましい。

取り決めた内容をまとめ、情報共有できるマニュアルにし、施設内で周知させることが重要です。そしてその内容が確実に行われているかの点検・評価がなされ、改善していくしくみも必要となります。ケアマネジャーとしてそのマニュアルによる利用者への対応について、本人・家族への説明が必要になります。

Q201 高齢者施設等における感染症対応力の向上② 高齢者施設等感染対策向上加算（Ⅱ）を算定する場合、感染制御等についてのマニュアルを作成する必要はあるか？

A 必要である。

高齢者施設等感染対策向上加算（Ⅱ）においては、**3年に1回以上、施設内で感染者が発生した場合の感染制御等に係る実地指導を受けていること**とされています。その主な内容として、①施設等の感染対策の現状の把握、確認（施設等の建物内の巡回等）、②施設等の感染対策状況に関する助言・質疑応答、③個人防護具の着脱方法の実演、演習、指導等、④感染疑い等が発生した場合の施設等での対応方法（ゾーニング等）に関する説明、助言及び質疑応答、⑤その他、施設等のニーズに応じた内容があげられています※1。これらをもとに**マニュアルを作成し**、そのマニュアルの読み合わせ等だけではなく、**実践型の研修を行う**必要があります。また感染症発生時の業務継続計画（BCP）と連動させる必要もあります。BCP作成のポイントは、❶施設・事業所内を含めた関係者との情報共有と役割分担、判断ができる体制の構築、❷感染（疑い）者が発生した場合の対応、❸職員確保、❹業務の優先順位の整理、❺計画を実行できるよう普段からの周知・研修、訓練となります※2。BCPの研修・訓練時にマニュアルに基づく演習等も行うことで、より実践的なものになるでしょう。そして、ケアプランなどの説明を家族にする際に、事業所の感染対策においても説明しておくとなおよいでしょう。

※1　令和6年度介護報酬改定に関するQ&A（Vol.1）（令和6年3月15日事務連絡）　問132
※2　厚生労働省老健局「介護施設・事業所における感染症発生時の業務継続ガイドライン」（令和6年3月）

Q202 業務継続計画未策定事業所に対する減算

業務継続計画（BCP）は形の上では策定してあるが、まだ内容としては未完なところがある。この状態でも「策定してある」ということでよいか？

A 令和6年度介護報酬改定により導入された減算については策定されているか否かが問われている。

「感染症若しくは災害のいずれか又は両方の業務継続計画が未策定の場合、かつ、当該業務継続計画に従い必要な措置が講じられていない場合に減算の対象となる」「業務継続計画の周知、研修、訓練及び定期的な業務継続計画の見直しの実施の有無は、業務継続計画未策定減算の算定要件ではない」[※1]とされており、あくまでも有るか無いかが問われます。必要な措置としては「平時の対応」「緊急時の対応」「他施設との連携」「地域との連携」において準備ができているかということになります。

ただ、例えばガイドライン[※2]によると図3-1の記載例にあるように研修・訓練の内容や見直しについても計画が記載されているため、研修や訓練を実際に行うことが必要になります。要は**計画書の内容に沿った動きが求められます**が、このような動きがない計画書は作成したことにはなりません。ガイドラインでは研修・訓練の実施・BCPの検証・見直し等のいわゆるPDCAサイクルが必要とも謳っています。ゆえに防災計画とリンクしてPDCAサイクルを回していくことをお勧めします。

また、Q＆Aでは「業務継続計画未策定減算については、行政機関が運営指導等で不適切な取り扱いを発見した時点ではなく、『基準を満たさない事実が生じた時点』まで遡及して減算を適用することとなる」ともあるため、ケアマネジャーや多職種の協議による作成をしっかりと行う必要があります。

なお、令和7年3月31日までの経過措置として、感染症の予防およびまん延の防止のための指針の整備および非常災害に関する具体的計画の策定を行っている場合には、減算を適用しないこととされています。

スキル 面接力

スキル 質問力

スキル 分析力

ルール 運営基準

ルール 人員基準

ルール 算定基準

定義

記載

最適解

連携

考え方

※1　令和6年度介護報酬改定に関するQ&A（vol.1）（令和6年3月15日事務連絡）　問164
※2　厚生労働省老健局「介護施設・事業所における自然災害発生時の業務継続ガイドライン」（令和6年3月）

図3-1　研修・訓練の実施、BCPの検証・見直し

①研修・訓練の実施

●以下の教育を実施する。
（1）入職時研修
・時期：入職時
・担当：施設長
・方法：BCPの概念や必要性、感染症に関する情報を説明する。
（2）BCP研修（全員を対象）
・時期：毎年4月
・担当：主任
・方法：BCPの概念や必要性、感染症に関する情報を共有する。
（3）外部BCP研修（全員を対象）
・時期：毎年6月
・担当：外部講師
・方法：外部のeラーニングを受講する。
●以下の訓練（シミュレーション）を実施する。
・時期：毎年3月、9月
・担当：施設長
・方法：感染者の発生を想定し、BCPに基づき、役割分担、実施手順、人員の代替え、物資調達方法の確認などを机上訓練で確認する。

②BCPの検証・見直し

●以下の活動を定期的に行い、BCPを見直す。
毎年3月、9月に管理者が理事会に報告する。
・BCPに関連した最新の動向を把握し、BCPを見直す。
・教育を通じて得た疑問点や改善すべき点についてBCPを見直す。
・訓練の実施により判明した新たな課題と、その解決策をBCPに反映させる。

※　継続してPDCA（Plan-Do-Check-Actの改善）サイクルが機能するように記載する。

Q203　高齢者虐待防止措置未実施減算

法人単位において虐待防止委員会を設置し、各サービス事業者がそれに参画する形をとっているが、これで足りるか？

A　事業所単位で必要である。

「虐待はあってはならないことであり、高齢者の尊厳を守るため、関係機関との連携を密にして、規模の大小に関わりなく虐待防止委員会及び研修を定期的に実施していただきたい」※とあるため、**基本**

的には**事業所ごとに必要**と解釈できます。ただし、小規模事業所においては法人内の複数事業所による合同開催、感染症対策委員会等他委員会との合同開催、関係機関等の協力を得て開催することが考えられ、研修においても同じ考えに基づき合同で開催することは可能です。あらかじめ、計画を作成する際に明記しておき、かつ、**合同で開催した際にはどの事業所の誰が参加したか等がわかるように記録に残す**ことは必須となります。

　ケアマネジャーとして利用者の安全を確保する意味で客観的な視点に立ち参画することが必要です。

※　令和6年度介護報酬改定に関するQ&A（Vol.1）（令和6年3月15日事務連絡）問170

Q204 認知症チームケア推進加算 ¥

認知症対応型共同生活介護、介護保険施設における認知症チームケア推進加算の算定要件のうち、「認知症の行動・心理症状の評価」とは誰が行うのか？

A 以下のとおりである。

　認知症チームケア推進加算（Ⅰ）では、「**認知症の行動・心理症状の予防および出現時の早期対応（本問において、「予防等」という）に資する認知症介護の指導に係る専門的な研修を修了している者または認知症介護に係る専門的な研修および認知症の行動・心理症状の予防等に資するケアプログラムを含んだ研修を修了している者**」（認知症介護指導者養成研修と認知症チームケア推進研修の両方を修了した者）、認知症チームケア推進加算（Ⅱ）では、「**認知症の行動・心理症状の予防等に資する認知症介護に係る専門的な研修を修了している者**」（認知症介護実践リーダー研修と認知症チームケア推進研修の両方を修了した者）を中心に行います。評価には、認知症チームケア推進研修において示された評価指標を用いることになります※1。

　また、認知症ケアにおいては、尊厳を保持した適切な介護を提供することが、その目指すべき方向性です。そのためチームで対応で

スキル
面接力

スキル
質問力

スキル
分析力

ルール
運営基準

ルール
人員基準

ルール
算定基準

定　義

記　載

最適解

連　携

考え方

きるように「認知症チームケア推進加算　ワークシート」を活用し認知症の行動・心理症状（BPSD）を予防する対応が求められています※2。

※1　令和6年度介護報酬改定に関するQ&A（Vol.2）（令和6年3月19日事務連絡）　問6
※2　認知症チームケア推進加算に関する実施上の留意事項等について（令和6年老高発0318第1号・老認発0318第1号・老老発0318第1号）

退所者の栄養管理に関する情報連携

Q205 介護保険施設における退所時栄養情報連携加算の算定要件中、厚生労働大臣が定める特別食の内容として、「嚥下困難者のための流動食」とあるが、ソフト食（ムース食）も当てはまるか？

A 流動食としては当てはまらない。

　流動食は、咀嚼をしなくても食べられることと同時に、消化がよいこと、刺激が少なく味が淡泊であること、口当たりがよいことが条件となります※。**ソフト食（ムース食）は、舌で押しつぶせる程度の硬さで、かむことを前提につくられている**ため、流動食には当てはまらないものと思われます。

※　公益財団法人長寿科学振興財団「流動食の作り方のポイント・おすすめレシピ」

介護老人保健施設における在宅復帰・在宅療養支援機能①

Q206 「支援相談員の配置割合に係る指標について、支援相談員として社会福祉士を配置していることを評価する」とあるが、従来どおりケアマネジャーとの兼務は可能か？

A 兼務は可能。

　解釈通知においては、「介護支援専門員は、入所者の処遇に支障がない場合は、当該介護老人保健施設の他の職務に従事することができるものとする」とあり、また、「兼務を行う当該介護支援専門員の

配置により、介護支援専門員の配置基準を満たすこととなると同時に、兼務を行う他の職務に係る常勤換算上も、当該介護支援専門員の勤務時間の全体を当該他の職務に係る勤務時間として算入することができるものとする」とあります※。

しかしながら、別の業務との兼務を行うと、ケアプランの作成など、事務仕事が後回しになりやすくなるため、**勤務時間のなかで、確実にケアマネジャーの業務ができる時間を確保する**ことが重要になると思われます。

※ 介護老人保健施設の人員、施設及び設備並びに運営に関する基準について（平成12年老企第44号）第二の6(2)

Q207 介護老人保健施設における在宅復帰・在宅療養支援機能②

在宅復帰・在宅療養支援等指標の計算内訳に在宅復帰率とあるが、サービス付き高齢者向け住宅、住宅型有料老人ホームは在宅として扱ってよいか？

 在宅として扱える。

サービス付き高齢者向け住宅は、高齢者の居住の安定確保に関する法律（平成13年法律第26号）第5条に規定された、都道府県知事等に登録を行った高齢者向けの賃貸住宅です。また住宅型有料老人ホームは、生活支援等のサービスが付いた高齢者向けの居住施設です。イメージとしては**賃貸住宅に外部の在宅サービスが入っているもの**になります。

基本的には在宅復帰という視点に立ち、居宅介護支援事業所に引き継ぐこととなるため、施設ケアマネジャーは、その住宅および老人ホームの環境も踏まえつつ、どのような課題が出そうかを引き継ぐケアマネジャーと共有しながら、サービス選定がしやすいように情報提供を行う必要があります。

Q208 介護老人保健施設におけるかかりつけ医連携薬剤調整加算① ¥

かかりつけ医連携薬剤調整加算（Ⅰ）イ、
かかりつけ医連携薬剤調整加算（Ⅰ）ロ、
かかりつけ医連携薬剤調整加算（Ⅱ）、
かかりつけ医連携薬剤調整加算（Ⅲ）は
併せて算定は可能か？

A （Ⅰ）イとロを同時に算定することはできないが、
（Ⅱ）と（Ⅲ）は同時算定可能。

　最大限に同時算定ができるパターンは、かかりつけ医連携薬剤調整加算（Ⅰ）イ＋かかりつけ医連携薬剤調整加算（Ⅱ）＋かかりつけ医連携薬剤調整加算（Ⅲ）、またはかかりつけ医連携薬剤調整加算（Ⅰ）ロ＋かかりつけ医連携薬剤調整加算（Ⅱ）＋かかりつけ医連携薬剤調整加算（Ⅲ）になります。

Q209 テレワークの取り扱い 📖

「テレワークに関して、個人情報を適切に管理していること」とあるが、施設ケアマネにおける適切な管理例を教えてほしい。

A 個人情報の取り扱いとして大まかに安全管理措置があげられる。

　安全管理措置においては、①個人情報保護に関する規程の整備、公表、②個人情報保護推進のための組織体制等の整備、③個人データの漏えい等の問題が発生した場合等における報告連絡体制の整備、④雇用契約時における個人情報保護に関する規程の整備、⑤従業者に対する教育研修の実施、⑥物理的安全管理措置、⑦技術的安全管理措置、⑧個人データの保存、⑨不要となった個人データの廃棄、消去があげられます。上記の内容が盛り込まれた当該施設の個人情報管理規程（マニュアル）に基づき適切に管理することが望ましいです※。

※　個人情報保護委員会・厚生労働省「医療・介護関係事業者における個人情報の適切な取扱いのためのガイダンス」（平成29年4月14日（令和6年3月一部改正））

Q210 介護ロボットやICT等のテクノロジーの活用①
生産性向上ガイドラインの内容について教えてほしい。

A　ガイドラインの内容として生産性を上げるための業務改善に関する取り組みを重要視している。

まず、①改善活動の準備（委員会の立ち上げや、幹部からの指令等）、②現場の課題を見える化（課題把握シート、気づきシート、課題分析シート、業務時間見える化ツールを使いながら課題の整理）、③実行計画の立案（改善方針シート、進捗管理シートを使い計画を立て実行するとどんな効果が見えるのかの確認）、④改善活動の取り組み（試行錯誤をしながらまずは行動）、⑤改善活動の振り返り（結果がどうなったかの確認）、⑥実行計画の練り直し（確認後に改善点を整理し、再度、計画の修正）を行います。次に、①～⑥を繰り返しながら生産性を向上させていきます※。

※　厚生労働省老健局「より良い職場・サービスのために今日からできること（業務改善の手引き）パイロット事業令和2年度版」

Q211 介護ロボットやICT等のテクノロジーの活用②
生産性向上推進体制加算（Ⅱ）の算定要件に「1年以内ごとに1回、業務改善の取組による効果を示すデータの提供（オンラインによる提出）を行うこと」とあるが、データはどこに提出するのか？

A　厚生労働省に提出する。

報告内容として、**生産性向上推進体制加算（Ⅰ）**を算定するには毎年度「生産性向上推進体制加算に関する取組の実績報告書（毎年度報告）」（別紙1）と「生産性向上推進体制加算（Ⅰ）の算定に関する取組の成果」（別紙2）の提出が求められます。**生産性向上推進体制加算（Ⅱ）**の場合、別紙2は必要ありません。

これらの別紙を記入するための付随する調査票もあり、さらに委

員会の設置と「生産性向上ガイドライン」に沿った取り組みも必要となります。総合的に確認した内容を別紙1および別紙2に記入（データ入力）する必要があります※。

※　生産性向上推進体制加算に関する基本的考え方並びに事務処理手順及び様式例等の提示について（令和6年老高発0315第4号）

Q212 特定施設における人員配置基準の特例的な柔軟化① 見守り機器等のテクノロジーとはどのようなものがあるのか？

A 見守り・効率化された情報共有・効率化された記録があげられる。

まず、①見守り機器（利用者がベッドから離れようとしている状態または離れたことを感知できるセンサー）があり、これを使用するにあたり、本人・家族より同意をもらう必要があります。②インカム（マイクロホンが取り付けられたイヤホンをいう）等のICT機器（ビジネス用のチャットツールの活用による職員間の連絡調整の迅速化に資するICT機器も含む）、③介護記録ソフトウェアやスマートフォン等の介護記録の作成の効率化に資するICT機器等があげられます。

ここであげられた見守り機器は全室に配備が必要で、インカムは同じ時間帯にすべての職員が使用できることが条件となります※。

※　生産性向上推進体制加算に関する基本的考え方並びに事務処理手順及び様式例等の提示について（令和6年老高発0315第4号）

Q213 特定施設における人員配置基準の特例的な柔軟化②

介護サービスの質の確保および職員の負担軽減が行われていることの確認については、試行前後を比較するとある。加算取得後はどれくらいの間隔で評価を行うのか？

A 3か月間隔で行う。

下記において3か月以上取り組みを行い、定められた様式別紙1、別紙2を指定権者に届出をすることになります。その後は事業年度ごとに1回の頻度で再度届出を行う必要があります。

i 介護職員の総業務時間に占める利用者のケアに当てる時間の割合が増加していること
ii 利用者の満足度等に係る指標において、本取り組みによる悪化がみられないこと
iii 総業務時間および当該時間に含まれる超過勤務時間が短縮していること
iv 介護職員の心理的負担等に係る指標において、本取り組みによる悪化がみられないこと

届出をする際に**3か月に一度**は委員会を開催し評価を行う必要がありますので、留意してください※。利用者の満足度においてはケアマネジャーや介護職員等の連携を通して聞き取り等を行うのもよいでしょう。

※ 生産性向上推進体制加算に関する基本的考え方並びに事務処理手順及び様式例等の提示について（令和6年老高発0315第4号）

スキル 面接力

スキル 質問力

スキル 分析力

ルール 運営基準

ルール 人員基準

ルール 算定基準

定義

記載

最適解

連携

考え方

Q214

特定施設における人員配置基準の特例的な柔軟化③

超過勤務時間の短縮は評価ごとに取り組むとなると難しい状況が予測できるが、その場合は人員基準の柔軟化は適用することができないということなのか?

A 常勤換算において0.9名以下にならなければよい。

あくまでも人員基準(柔軟化された場合は利用者3名につき常勤換算法による0.9名の職員の確保)を基準として考えるため、それ以下にはならないと解釈できます。よって3か月に一度の評価による総労働時間の軽減(超過勤務時間の短縮も含む)が目的となるため、人員基準以上に労働時間が発生していれば軽減に向けての取り組みと減少した結果が必要になります。

Q215

見守り機器等を導入した場合の夜間における人員配置基準の緩和

介護老人福祉施設や介護老人保健施設において、「全ての利用者に見守りセンサーを導入していること」とあるが、その使用により身体的拘束にあたるものはあるか?

A ここでいう見守りセンサーは、身体的拘束には当てはまらないと思われる。

身体的拘束に該当する行為を判断するうえでのポイントは「高齢者本人の行動の自由を制限しているかどうか」になります※。

したがって見守りセンサーをつけることで、本人の行動の自由を制限しているかどうかは見極めなければなりません。

身体的拘束等適正化検討委員会を通し常に確認していく必要はあります。

ここでいう見守りセンサーは行動の自由を制限しているものではないと解釈できます。

※ 厚生労働省老健局「市町村・都道府県における高齢者虐待への対応と養護者支援について」(令和5年3月)

運営基準・管理業務　第**3**章　施設ケアマネジメントの報酬関連編

Q216 認知症対応型共同生活介護における夜間支援体制加算

見守り機器を利用者に使用している場合は、ケアプランへその内容を盛り込む必要はあるか？

A ケアプランへの記載は必要。

通知※では、「見守り機器を居室に設置する際には、利用者のプライバシーに配慮する観点から、利用者又は家族等に必要な説明を行い、同意を得ることとし、機器の運用については、当該利用者又は家族等の意向に応じ、機器の使用を停止するなどの運用は認められる」とされています。

見守り機器の使用については本人または家族の同意が必要なことから、ケアプランに記載し、交付を行うことで、上記の内容はクリアできると考えられます。

※ 生産性向上推進体制加算に関する基本的考え方並びに事務処理手順及び様式例等の提示について（令和6年老高発0315第4号）

Q217 人員配置基準における両立支援への配慮①

「『治療と仕事の両立ガイドライン』に沿って」とあるが、治療の対象とならない疾病はあるか？

A 短期で治癒する疾病は対象とならない。

ガイドラインが対象とする疾病は、がん、脳卒中、心疾患、糖尿病、肝炎、その他難病など、反復・継続して治療が必要となる疾病であり、**短期で治癒する疾病は対象としていません。**原則として私傷病である疾病にかかわるものであることから、労働者本人から支援を求める申出がなされたことを端緒に取り組むことが基本となるとされています※。

※ 厚生労働省「事業場における治療と仕事の両立支援のためのガイドライン（令和6年3月版）」

Q218 人員配置基準における両立支援への配慮②
ケアマネジャーの業務においてテレワークは認められるか？

A 認められる。

テレワークを行う際には、業務全般において個人情報の扱いには注意が必要です。組織でどのように管理するのかを取り決めておくとよいです。また、ケアプラン作成においてはアセスメントをしっかりと行うことが基本になりますので、情報収集の行い方を明確にしておくとよいです。

また、利用者との面談をオンラインで行う際（サービス付き高齢者向け住宅や住宅型有料老人ホーム等の利用者）は、本人・家族の同意を得ることも忘れないようにすること、利用者がコミュニケーションをしっかり取れるかを確認しながら行うことも重要です。サービス担当者会議においても同様です。

※ 介護サービス事業所・施設等における情報通信機器を活用した業務の実施に関する留意事項について（令和6年老高発0329第2号・老認発0329第5号・老老発0329第1号）

Q219 外国人介護人材にかかる人員配置基準上の取り扱い
外国人に対する研修プログラムはあるか？

A プログラムはそれぞれの事業所で作成する。

プログラムはそれぞれの事業所で作成しますが、体制においては整備が必要です。組織的に安全対策を実施する体制を整備していることと併せて、研修または実習のための指導職員の配置や、計画に基づく技能等の修得や学習への配慮など、法令等に基づき、受入れ施設において適切な指導および支援体制の確保が必要だと示されています。

ポイントとなるのは、**利用者が適切にサービスを受けられるように環境整備を行う**というところです。外国人介護者の日本語の理

解度やサービス内容の理解度、そして安全配慮に関する理解度（虐待防止や感染対策等）を指導担当者が把握し、それに基づいた指導を行うことと、外国人介護者が学習できる環境面においても配慮していくことが必要です。

Q220 管理者の責務および兼務範囲の明確化

「管理者がその責務を果たせる場合」には兼務できるとのことだが、責務とは利用者のサービスについての管理ということか？

A 利用者のサービスについてのみではなく、サービスにあたるスタッフの管理も含まれる。

「指定居宅サービス等及び指定介護予防サービス等に関する基準について」（平成11年老企第25号）等の解釈通知において、管理者の責務は、介護保険法の基本理念を踏まえた利用者本位のサービス提供を行うため、**現場で発生する事象を最前線で把握しながら、職員および業務の管理を一元的に行うとともに、職員に指定基準の規定を遵守させるために必要な指揮命令を行う**こととなっています※。

このような業務を適切に行える範囲が、「管理者がその責務を果たせる場合」に当たります。例えば、管理業務とケアマネジャー業務を兼務する場合においては、どちらかの業務に偏りがちになりますが、それぞれの業務をこなすうえで仕事の見える化をしておくとよいと考えられるため、一つひとつ整理しながら行うことをお勧めします。

※ 令和6年度介護報酬改定に関するQ&A（Vol.1）（令和6年3月15日事務連絡）　問184

Q221 ユニット間の勤務体制にかかる取り扱いの明確化

「職員の主たる所属ユニットを明らかにした上で、必要に応じてユニット間の勤務が可能であることを明確化する」とあるが、この内容はケアプランまたは重要事項説明書に明記が必要か？

A ケアプランには利用者の生活スタイルに合わせた内容を記載し、重要事項説明書にはこれらの内容を盛り込んでおくとよい。

サービス内容においては、ケアプランをもとに行われることを再確認しながら、各ユニットでのサービスにおいて**職員が変わっても質が確保されるようにするしくみ**が必要です。また、それらを包括的に確認できるのがケアマネジャーですので、**サービスのずれが生じていないか**をしっかりと確認していくことが重要です。

Q222 小規模介護老人福祉施設の配置基準

小規模多機能型居宅介護事業所、看護小規模多機能型居宅介護事業所を併設する場合に、介護老人福祉施設に置かないことができる人員として介護支援専門員とあるが、その場合、ケアプラン作成等は小規模多機能型居宅介護事業所等の介護支援専門員が行わなければならないということか？

A 小規模多機能型居宅介護事業所等の介護支援専門員が行わなければならない。

この場合は、併設先の事業所の介護支援専門員がケアプランを立てることになります。その際の留意事項として、それぞれの事業所内でのケアプラン作成になると思われます。その場合、在宅での生活の視点も取り入れることで、介護老人福祉施設から小規模多機能型居宅介護事業所への移行も検討することができますし、それぞれの立場でのケアマネジメントができるため、生活圏を膨らませたケ

アプラン作成に力を注ぐことも必要になると思われます。

Q223 情報公表システム
情報公表システムとは、介護サービス情報公表制度にのっとったものか？

A そのとおり。

　介護サービス情報公表システムには、事業所の概要、特色、詳細、運営状況など、たくさんの情報が盛り込まれており、年1回更新されていますので、新しい情報を確認することができます。

　なお、介護サービス事業者による重要事項等の情報のウェブサイトへの掲載・公表については、令和7年4月1日から義務づけられます。

2 多職種連携の報酬

Q224 総合医学管理加算

介護老人保健施設が提供する短期入所療養介護における総合医学管理加算の算定要件に、「治療管理を目的とし」とあるが、治療管理を目的とするものに高血圧は入るのか？

A 条件により入る（経過観察では算定できない）。

厚生労働大臣が定める基準※1として、イ診療方針を定め、治療管理として投薬、検査、注射、処置等を行うこと、ロ診療方針、診断、診断を行った日、実施した投薬、検査、注射、処置等の内容等を診療録に記載すること、ハ利用者の主治医に対して、当該利用者の同意を得て、当該利用者の診療状況を示す文書を添えて必要な情報の提供を行うことと定められているため、この基準により、**利用中に治療管理を伴わないものは算定できません**。ただし、**要件を満たしている場合は短期入所療養介護計画へ記載しておくことが必要です**。なお、今までどおり、短期入所療養介護を利用していた人に治療管理が必要になり、治療管理を行った場合は算定可能となります※2。

※1 厚生労働大臣が定める基準（平成27年厚生労働省告示第95号） 第39号の5
※2 令和6年度介護報酬改定に関するQ&A（Vol.2）（令和6年3月19日事務連絡） 問17

Q225 円滑な在宅移行に向けた看護師による退院当日訪問

施設サービス等を利用している人で、訪問看護において初回加算を算定する場合、施設サービスでの退所時の加算は算定できるのか？

A 算定できる。

介護老人福祉施設、介護老人保健施設での退所時の加算で算定できない条件としては、**病院または診療所へ入院する場合とほかの介護保険施設へ入院または入所する場合、死亡退所の場合は算定できないとなっているため、これらは特に重なることはありません**。

介護老人保健施設では退所時情報提供加算がありますが、これは退所後の主治医にあてて文書で情報を提供するものとなるため、訪問看護の初回加算とは別のものになります。また特定施設入居者生活介護には退院・退所時連携加算がありますが、これは病院・診療所、介護老人保健施設、介護医療院から指定特定施設に入居した場合に算定するものなので、これも訪問看護の初回加算による影響はありません。

Q226 特定施設入居者生活介護等における夜間看護体制④

夜間看護体制加算（Ⅰ）の算定要件に「必要に応じて健康上の管理等」とあるが、看護師の実務についてケアプランに記載する必要があるか？

A 必要である。

ケアプランの書き方としては、実際に行う内容を看護師に確認します（バイタルチェック・医師への連絡等）。また、看護師1名以上の配置となるため、24時間体制で必要時に行うという内容も記載しておくと、本人・家族にはわかりやすいのでなおよいです。

Q227 認知症対応型共同生活介護における医療連携体制加算②

医療連携体制加算（Ⅰ）体制評価ハ「事業所の職員として又は病院、診療所若しくは指定訪問看護ステーションとの連携により、看護師を1名以上確保していること」とあるが、1名とは常勤換算法による1名か？

A 常勤換算での1名ではない。

ただし、①利用者に対する日常的な健康管理、②通常時および特に利用者の状態悪化時における医療機関（主治医）との連絡・調整、③看取りに関する指針の整備等を想定しており、これらの業務を行うために必要な勤務時間を確保することが必要であるとされています。このような内容等もケアプランに記載しておくと、なおよいと思われます。

Q228 認知症対応型共同生活介護における医療連携体制加算③

医療連携体制加算（Ⅱ）医療的ケアが必要な者の受入要件「(10) 留置カテーテルを使用している状態」における管理の内容は、看護師に確認しケアプランに記載すればよいか？

A 看護師だけではなく、チームで管理する必要がある。

留置カテーテルにおいては管理が重要で、尿路感染等も起こりやすいです。このため、**チームで管理する必要があり**、サービス担当者会議等の介護職員も含めた役割分担（尿量の確認および廃棄等は介護職員が行う等）が必要です。したがって、管理を行うにあたりカテーテルの交換等の医療行為のみではないことを認識し、さらに情報共有を行うためにも**ケアプランに誰が何を行うかも記載しておく**とよいでしょう。

Q229 介護老人福祉施設等における配置医師緊急時対応加算

配置医師緊急時対応加算において配置医師との取り決めにおいて連絡時間帯を取り決めなければならないか？

A 取り決めておくとよい。

それ以外に配置医師が時間外のときに、どこに連絡をするのか、どんな状況の場合は呼び出すのか、施設に来られる時間帯はいつか、施設の誰が連絡を行うのか、配置医師が別の要件で動いており駆けつけることができない場合はどこに連絡をするのか、施設に来る交通手段はどうするのか等をポイントにおいて**事前に決めておくと**よいです。

Q230 介護老人保健施設における所定疾患施設療養費②

令和6年度の介護報酬改定により、対象に慢性心不全の増悪が加わったが、慢性心不全の増悪にかかる定義はあるか？

A 特にない。

増悪の定義は特にないのですが、慢性心不全の定義として、「心不全とは、心臓が悪いために、息切れやむくみが起こり、だんだん悪くなり、生命を縮める病気です」とあります※。慢性心不全の症状が悪化することで身体機能が低下する状況が起こることととらえることができます。ケアプランには、心不全の増悪を予防するための支援と、このようなことを想定した場合にどのようなケアを行うのかを記載しておくとよいでしょう。

※ 日本循環器学会／日本心不全学会合同ガイドライン「急性・慢性心不全診療ガイドライン（2017年改訂版）」

Q231 介護老人保健施設における所定疾患施設療養費③
ケアプランに追加する際には、アセスメント、サービス担当者会議は必要か？

 必要である。

ただし、細かい内容においては医療職により診療録に記載することとなっています。ケアプランには病名の記載と治療を行う等の記載は必要になります。

Q232 協力医療機関との定期的な会議の実施
協力医療機関連携加算における協力医療機関の要件として、「入所者等の病状が急変した場合等において、入院を要すると認められた入所者等の入院を原則として受け入れる体制を確保していること」とあるが、
確保はしてあるが入院依頼をした際に受け入れができず、他病院に入院した場合でも算定できるか？

 算定できる。

「入所者等の病状が急変した場合等において、入院を要すると認められた入所者等の入院を**原則として受け入れる体制**を確保していること」と記載があるように、原則としてが前提ということと、入所者の現病歴等の情報共有を行う会議を定期的に開催することを評価するという内容から体制ができていることが前提となるため、協力医療機関の事情により入院ができなくても関係ありません。

また、会議の開催は、「電子的システムにより当該協力医療機関において、当該施設の入所者の情報が随時確認できる体制が確保されている場合には、定期的に年3回以上開催することで差し支えない」ということですが、随時確認できる体制として、都道府県が構築する地域医療介護総合確保基金の「ICTを活用した地域医療ネッ

トワーク基盤の整備」事業を活用した、地域医療情報連携ネットワークに参加し、当該介護保険施設等の医師等が記録した当該介護保険施設等の入所者の診療情報及び急変時の対応方針等の情報について当該地域医療情報連携ネットワークにアクセスして確認可能な場合も該当します。

この場合、当該介護保険施設等の医師等が、介護保険施設等の入所者の診療情報および急変時の対応方針等についてそれぞれの患者について1か月に1回以上記録することが定められています。

なお、入所者の状況等に変化がない場合は記録を省略しても差し支えないですが、その旨を文書等により介護保険施設等から協力医療機関に、少なくとも月1回の頻度で提供することとされています※。

※ 令和6年度介護報酬改定に関するQ&A（Vol.3）（令和6年3月29日事務連絡） 問3

Q233 入院時等の医療機関への情報提供①

退所時情報提供加算、退居時情報提供加算の算定要件に「医療機関へ退所する入所者等について、退所後の医療機関に対して入所者等を紹介する際、入所者等の同意を得て、当該入所者等の心身の状況、生活歴等を示す情報を提供した場合」とあるが、今までと同じく本人の基本情報やADL等でよいか？

情報提供の内容は以下のとおりである。

基本項目として、①利用者（患者）基本情報について、②家族連絡先について、③意思疎通について、④口腔・栄養について、⑤お薬について等（項目は⑩まであります）が必要になります。

それ以外では、⑥人生の最終段階における医療・ケアに関する情報や、⑦退所（退居）前の身体・生活機能の状況／療養生活上の課題についても必要になり※、アドバンスケアプランを作成するにあたっての資料も必要になるところが特徴です。ケアマネジャーとして本人の意思決定に関することは特に押さえておきたいところです。

スキル
面接力

スキル
質問力

スキル
分析力

ルール
運営基準

ルール
人員基準

ルール
算定基準

定 義

記 載

最適解

連 携

考え方

※ 指定居宅サービスに要する費用の額の算定に関する基準（短期入所サービス及び特定施設入居者生活介護に係る部分）及び指定施設サービス等に要する費用の額の算定に関する基準の制定に伴う実施上の留意事項について（平成12年老企第40号）別紙様式12・別紙様式13

Q234 入院時等の医療機関への情報提供②

退所時情報提供加算において、情報提供する際に必要な項目の決まりはあるか？

A 必要な項目はある。

当該入所者の診療情況、心身の状況、生活歴等を示す情報を提供することとされています。ただし、入所者の同意が必要です。

Q235 介護老人保健施設における医療機関からの患者受入れ①

初期加算（Ⅰ）の算定要件に「当該介護老人保健施設の空床情報について、地域医療情報連携ネットワーク等を通じ、地域の医療機関に定期的に共有していること」とあるが、定期的というのはどれくらいの間隔か？

A 特に決まりはない。

例えば、地域医療情報連携ネットワークでは利用者の状態がそのかかわった各関係機関が支援をしたときや本人の身体の状態に変化があったとき等に更新されることと、その情報を関係機関が確認を行っていくことが必要です。情報更新を行うと関係機関にお知らせがいくような（アラートシステム等）しくみをつくることが重要となります。

Q236 介護老人保健施設における医療機関からの患者受入れ②

地域医療情報ネットワーク等がない地域においては、こちらから急性期医療機関にFAXを送る形でもよいのか？

A　差し支えない。

本人の情報をいかに早く関係機関が共有できるかがポイントとなりますので、FAXでも問題はありませんが、送信する前に事前に先方へFAXでかまわないかを必ず確認しましょう。また、その情報が他機関にわたる場合も想定して、状況に応じてメール等の記録として残るものを使用しながら伝えていくことが重要になります。

Q237 訪問看護等におけるターミナルケア加算

認知症対応型共同生活介護の利用者の看取り対応において、密接に関係のある訪問看護ステーションにおいても看取り介護にかかわっている場合、認知症対応型共同生活介護と訪問看護ステーションともに看取り介護加算（ターミナルケア加算）が算定できるか？

A　訪問看護ステーションにおける算定はできない。

認知症対応型共同生活介護、短期入所生活介護、短期入所療養介護、特定施設入居者生活介護、定期巡回・随時対応型訪問介護看護（一体型に限る）、地域密着型特定施設入居者生活介護、地域密着型介護老人福祉施設入所者生活介護、複合型サービスを利用している場合は、訪問看護費の算定はできません※。したがって、**訪問看護ステーションが算定することはできません。**

※　指定居宅サービスに要する費用の額の算定に関する基準（平成12年厚生省告示第19号）別表の3の注19

Q238 介護老人保健施設におけるターミナルケア加算

ターミナルケア加算の算定要件に「計画の作成にあたり、本人の意思を尊重した医療・ケアの方針決定に対する支援に努めること」とあるが、本人の意思が事前に確認できず、意思疎通が難しい状況の場合は算定できないということか？

 算定できる。

本人の意思の確認ができない場合は、
① 家族等が本人の意思を推定できる場合には、その推定意思を尊重し、本人にとっての最善の方針をとることを基本とする。
② 家族等が本人の意思を推定できない場合には、本人にとって何が最善であるかについて、本人に代わる者として家族等と十分に話し合い、本人にとっての最善の方針をとることを基本とする。時間の経過、心身の状態の変化、医学的評価の変更等に応じて、このプロセスを繰り返し行う。
③ 家族等がいない場合および家族等が判断を医療・ケアチームに委ねる場合には、本人にとっての最善の方針をとることを基本とする。
④ このプロセスにおいて話し合った内容は、その都度、文書にまとめておくものとする。

とされています※。基本的には、多職種連携により本人の立場に立って考え、本人にとって最善の方法を考えていくことになります。

※ 厚生労働省「人生の最終段階における医療・ケアの決定プロセスに関するガイドライン」（改訂　平成30年3月）

Q239 介護医療院における看取りへの対応

「施設サービスの計画の作成や提供に当たり、入所者の意思を尊重した医療及びケアが実施できるよう、入所者本人の意思決定を基本に、他の関係者との連携の上、対応していること」とあるが、入所者本人の意思決定した内容があいまいな場合は親族の意向を反映するのか？

A 親族のみではいけない。

方針の決定は、本人の状態に応じた専門的な医学的検討を経て、医師等の医療従事者から適切な情報の提供と説明がなされることが必要です。

そのうえで、本人と医療・ケアチームとの合意形成に向けた十分な話し合いを踏まえた本人による意思決定を基本とし、多専門職種から構成される医療・ケアチームとして方針の決定を行います。

時間の経過、心身の状態の変化、医学的評価の変更等に応じて本人の意思が変化しうるものであることから、医療・ケアチームにより、適切な情報の提供と説明がなされ、本人が自らの意思をその都度示し、伝えることができるような支援が行われることが必要です※。本人の意思決定した内容があいまいである場合は、あらためてその意思を汲み取るように努めます。その結果として意思が確認できない場合は、家族等と医療・ケアチームで十分に話し合い、**本人にとって最善の方針をとることが求められます**（→Q238参照）。親族の意向のみで計画を作成してはいけません。

※ 厚生労働省「人生の最終段階における医療・ケアの決定プロセスに関するガイドライン」（改訂　平成30年3月）

Q240

施設内療養を行う高齢者施設等への対応 ¥

新興感染症等施設療養費の算定要件に「感染した場合に相談対応、診療、入院調整等を行う医療機関を確保し」とあるが、協力医療機関でなくてもよいか？

A 協力医療機関でなくてもよい。

協力医療機関において入院施設をもっていない場合も想定されるので、**必ずしも協力医療機関でなくてもよい**です。感染者が出たときの医療面でのサポートおよび助言等がしっかりとできる環境を整えておく必要があるため、協力医療機関以外の病院へ依頼する場合は、どのように依頼するか等、密な打ち合わせを行うことをお勧めします。

Q241

新興感染症発生時等の対応を行う医療機関との連携 📖

「協力医療機関が協定締結医療機関である場合には、当該協力医療機関との間で、新興感染症の発生時等の対応について協議を行うこと」とあるが、定期的に協議の開催が必要か？

A 定期的に開催することが必要。

常に事業所・医療機関ともに同じ体制であることは想定しにくいため、**その時の体制に応じた対応方法が必要**になります。そのためにも見直しを含めた評価を行いながら、対策を確立する必要があります。またそれらを見える化し、周知する取り組みも併せて必要になります。

Q242 認知症短期集中リハビリテーション実施加算

介護老人保健施設における認知症短期集中リハビリテーション実施加算の算定要件に「リハビリテーションを行うに当たり、入所者数が、理学療法士、作業療法士又は言語聴覚士の数に対して適切なものであること」とあるが、複数の入所者に対して1人でよいか？

A 一対一が適当。

「1人の医師又は医師の指示を受けた理学療法士、作業療法士又は言語聴覚士が1人の利用者に対して行った場合のみ算定する」※とあるため、**一対一でリハビリテーションを行った場合に算定する**ものになります。

ケアプランを作成する際は、どの職種がどのようにリハビリテーションを行うのかを明記しておくとよいでしょう。

※ 指定居宅サービスに要する費用の額の算定に関する基準(短期入所サービス及び特定施設入居者生活介護に係る部分)及び指定施設サービス等に要する費用の額の算定に関する基準の制定に伴う実施上の留意事項について(平成12年老企第40号) 第二の6⑮④

Q243 リハビリテーション・機能訓練、口腔、栄養の一体的取組

介護保険施設において、各算定要件のなかに各担当職種が「情報を相互に共有すること」とあるが、例えば、自事業所で使用している介護システムにそれぞれの職種がアクセスすることで、いつでも確認できる状態になっていればよいか？

A 指定様式をもとに情報共有するとよい。

利用者ごとに情報共有を行うと同時に、LIFEへの提出情報およびフィードバック情報を活用することとなっていますので、**LIFEの指定様式**※1・2・3**を使う**と、さらに業務の効率化が図れます。

ケアマネジャーは、この様式のもと全体を把握することに努め、

本人の目標に沿っているかを確認しなければなりません。また、サービス担当者会議を開催し、必要に応じてケアプランの見直しを行うことを忘れないようにしましょう。

※1　リハビリテーション・個別機能訓練、栄養、口腔の実施及び一体的取組について（令和6年老高発0315第2号・老認発0315第2号・老老発0315第2号）別紙様式2－2－1・2－2－2・3－2・3－3・4－1－1
※2　指定居宅サービスに要する費用の額の算定に関する基準（短期入所サービス及び特定施設入居者生活介護に係る部分）及び指定施設サービス等に要する費用の額の算定に関する基準の制定に伴う実施上の留意事項について（平成12年老企発第40号）別紙様式3
※3　指定地域密着型サービスに要する費用の額の算定に関する基準及び指定地域密着型介護予防サービスに要する費用の額の算定に関する基準の制定に伴う実施上の留意事項について（平成18年老計発第0331005号・老振発第0331005号・老老発第0331018号）別紙様式1

Q244　特定施設入居者生活介護における口腔衛生管理

運営基準等における対応として、「入居者の口腔衛生の管理体制に係る計画を作成」とあるが、この計画はケアマネジャーが立てるものか？

A　ケアマネジャーが立てるものではない。

施設全体の口腔衛生管理体制にかかる計画になるため、個別の入居者への計画ではありません。よって、**歯科医師または歯科医師の指示を受けた歯科衛生士の技術的助言および指導に基づき、介護職員が作成する**ことが望ましいと思われます。

ちなみに、計画には以下を記載する必要があります※。
① 助言を行った歯科医師
② 歯科医師からの助言の要点
③ 具体的方策
④ 当該施設における実施目標
⑤ 留意事項・特記事項

これらに基づき、協議のうえ決めていくとよいでしょう。なお、経過措置により、令和9年3月31日までは努力義務とされています。

※　指定居宅サービス等及び指定介護予防サービス等に関する基準について（平成11年老企第25号）第三の10の3(8)②

Q245 介護保険施設における口腔衛生管理

口腔衛生管理加算の算定要件に「歯科医師の指示を受けた歯科衛生士においては、当該施設との連携について、実施事項等を文書等で取り決めを行うこと」とあるが、取り決めは入所者ごとに個別で必要か？

A 個別に必要。

取り決めは入所者ごとに行います。歯科医師の指示を受けた歯科衛生士は、入所者の口腔に関する問題点、歯科医師からの指示内容の要点、実施した口腔衛生の管理の内容および介護職員への技術的助言等を記録したケアプラン※を作成し、これを施設に提出します。

ケアマネジャーは、口腔衛生管理加算を取得していることがわかるようケアプランに記載するとともに、本人・家族に内容について説明を行い、同意を得る必要があります。

※ 指定居宅サービスに要する費用の額の算定に関する基準（短期入所サービス及び特定施設入居者生活介護に係る部分）及び指定施設サービス等に要する費用の額の算定に関する基準の制定に伴う実施上の留意事項について（平成12年老企第40号）別紙様式3

Q246 介護保険施設における再入所時栄養連携加算

再入所時栄養連携加算の算定要件に「栄養に関する指導又はカンファレンスに同席」とあるが、カンファレンスには管理栄養士の参加が必要か？

A 管理栄養士の参加が必要。

施設の管理栄養士が医療機関を訪問のうえ、**医療機関での栄養に関する指導またはカンファレンスに同席し、医療機関の管理栄養士と連携して、施設での栄養ケア計画を作成する**こととなっています。当然のことながら、栄養ケア計画が作成され、入所者またはその家族の同意が得られた場合に算定がされるものになります。

ケアプランには、この栄養ケア計画の内容を適切に反映させる必

要があります。

Q247 介護老人保健施設におけるかかりつけ医連携薬剤調整加算② ¥

かかりつけ医連携薬剤調整加算の算定要件に「処方を変更する際の留意事項を医師、薬剤師及び看護師等の多職種で共有し、処方変更に伴う病状の悪化や新たな副作用の有無について、多職種で確認し」とあるが、確認方法としてどのようなものがあるか？

A 文書・データに残る形で変更内容や留意事項等を残しておく。

タイミングによってはサービス担当者会議（ケアカンファレンス）において情報共有する手段もあります。その場合はケアマネジャーにより開催を行うことになるでしょう。ただし、情報共有を行っているということが確認できるように、会議録等、一つにまとめておくとよいと思われます。

Q248 介護保険施設における自立支援促進加算 ¥

自立支援促進加算の算定要件に「医師の医学的評価」とあるが、評価内容について教えてほしい。

A 以下のとおりである。

医学的評価は、**自立支援促進に関する評価・支援計画書**※に沿って行われます。各項目における医学的見地のもと医師と多職種による評価および支援計画の作成が行われます。その多職種にはケアマネジャーも入っており、わかる範囲での記入を求められる場合もあると思われます。そしてサービス担当者会議等を利用し支援計画の作成を行うとよいでしょう。

※ 指定居宅サービスに要する費用の額の算定に関する基準（短期入所サービス及び特定施設入居者生活介護に係る部分）及び指定施設サービス等に要する費用の額の算定に関する基準の制定に伴う実施上の留意事項について（平成12年老企第40号）別紙様式7

Q249 緊急時訪問看護加算

緊急時訪問看護加算の算定要件に「利用者又はその家族等から電話等により看護に関する意見を求められた場合に常時対応できる体制にある」こととあるが、施設スタッフからの相談（意見を求める）については算定できるのか？

 算定できない。

利用者・家族等とは、**後見人または保佐人・配偶者・親権者・扶養義務者**（民法の規定により、直系血族、兄弟姉妹および家庭裁判所に選任された三親等内の親族とされている）にあたり、今回は「スタッフからの相談」とあるため、要件は満たしません。ただ、現実としては施設スタッフからの連絡が考えられます（例えば、家族からの要望があり代わりに連絡する等）。状況に応じて行政に確認することをお勧めします。

Q250 退院時共同指導の指導内容の提供方法の柔軟化

退院時共同指導とは、「病院、診療所、介護老人保健施設又は介護医療院の主治の医師その他の従業者と共同し、在宅での療養上必要な指導を行い、その内容を提供すること」であり、令和6年度の介護報酬改定により文書以外の方法で提供することも可能になったが、実績を残す方法としては支援経過記録に記載しておけばよいか？

 支援経過記録への記載のみでは足りない。

今までは、在宅での療養上必要な指導を行い、その内容を文書にして提供していましたが、令和6年度の介護報酬改定により**文書以外の方法での提供も可能**となったことで、これからはさまざまな方

スキル
面接力

スキル
質問力

スキル
分析力

ルール
運営基準

ルール
人員基準

ルール
算定基準

定 義

記 載

BEST!
最適解

連 携

考え方

法が用いられることが考えられます。電話による伝達ではなく、履歴が残る電子メール等の電磁的方法により指導内容を提供することや、そのメールがしっかりと本人・家族にわたっているか確認することも必要です。また、テレビ電話装置等も認められますが、個人情報に関する内容になるため、本人またはその看護に当たる者の同意を得ることが必要です※。

これらの内容について確認できるように記録をとることは当然の行動になるため、支援経過記録に記載することは必要ですが、その中身として、**いつ・どこで・誰が・何を・なぜ・どのようにといった観点**でしっかりと残しておく必要があります。

※　令和6年度介護報酬改定に関するQ&A（Vol.1）（令和6年3月15日事務連絡）　問48・問49・問50

3 LIFE関連の報酬

スキル 面接力

スキル 質問力

スキル 分析力

ルール 運営基準

ルール 人員基準

ルール 算定基準

Q251 短期集中リハビリテーション実施加算 ¥

介護老人保健施設における短期集中リハビリテーション実施加算（Ⅰ）の算定要件に「1月に1回以上ADL等の評価を行うとともに、その評価結果等の情報を厚生労働省に提出し、必要に応じてリハビリテーション計画を見直している場合」とあるが、リハビリテーション計画が見直された場合、ケアプランにおいても見直しおよび交付は必要か？

定義

記載

BEST! 最適解

連携

考え方

A 必ずしも必要ではない。

令和6年度の介護報酬改定により、1月に1回LIFEを用いてADLの情報等の提出を行うこととなりましたが、これは、リハビリテーション内容についての評価を行い、効果をみつつよりよいケアプランへ変更していくことがねらいと考えられます。なお、LIFEシステムは、入力に対する負担軽減を目指し、令和6年8月1日より新システムに移行されました。

ケアプランは、このリハビリテーション計画の変更により、総合的にサービス内容が変更となる場合には見直しが必要になると思われるため、リハビリテーション計画の変更による本人への影響等を確認していく必要があります。

Q252 科学的介護推進体制加算①
科学的介護推進体制加算において入力項目に認知症の項目は必要か？

A 必要。

通知※に、各加算における提出情報について記載があります。

施設サービスにおいて科学的介護推進体制加算（Ⅰ）を算定する場合は、**別紙様式2（科学的介護推進に関する評価（施設サービス））にある「基本情報」「総論」「口腔・栄養」および「認知症（別紙様式3も含む。）」の任意項目を除く情報**を、やむを得ない場合を除き提出すること。施設サービスにおいて科学的介護推進体制加算（Ⅱ）を算定する場合は、上記に加えて「総論」の診断名・服薬情報についても提出すること。上記以外の項目（「認知症」や「その他」の任意項目等）についても、必要に応じて提出することが望ましいこととされています。

※ 科学的介護情報システム（LIFE）関連加算に関する基本的な考え方並びに事務処理手順及び様式例の提示について（令和6年老老発0315第4号）

Q253 科学的介護推進体制加算②
令和6年度の介護報酬改定での「入力負担軽減に向けたLIFE関連加算に共通する見直し」において、入力項目の定義の内容はどこにあるのか？

A 通知に記載されている。

入力項目については、通知※を参照してください。令和6年度の介護報酬改定により、LIFEへのデータ提出が要件となっている加算において提出する情報は、様式の各項目のうち、**記入者名や自由記載の箇所等については提出を求めないこととなりました。**

※ 科学的介護情報システム（LIFE）関連加算に関する基本的な考え方並びに事務処理手順及び様式例の提示について（令和6年老老発0315第4号）

Q254 科学的介護推進体制加算③

同一の利用者に対して複数の加算を算定する場合のデータ提出頻度を統一できるよう、例えば、月末よりサービス利用を開始する場合であって、科学的介護推進体制加算中、「当該利用者の評価を行う時間が十分確保できない場合等、一定の条件の下で、提出期限を猶予する」とあるが、「評価ができない場合」には、他業務が多忙により入力できないことも含まれるか？

A 評価するための期間が短いときに、ほかの加算の提出と合わせることができるということ。

月末よりサービスの利用を開始した場合に、その利用者の情報収集の時間が十分確保できない等のやむを得ない場合については、利用開始月の翌々月の10日まで、提出期限が猶予されます。**単に他業務が多忙により入力できないことは理由となりません。**

また、LIFEへのデータ提出が「少なくとも3か月に1回」に改正され、同一の利用者に対して複数の加算を算定する場合に、一定の条件下でデータ提出のタイミングを統一できるようになりました（図3－2）。

スキル
面接力

スキル
質問力

スキル
分析力

ルール
運営基準

ルール
人員基準

ルール
算定基準

定　義

記　載

最適解

連　携

考え方

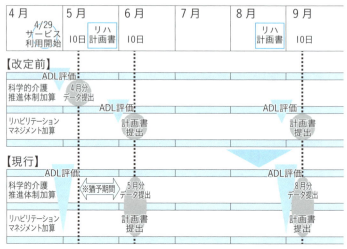

図3-2 同一の利用者に科学的介護推進体制加算およびリハビリテーションマネジメント加算を算定する場合の例

（※）一定の条件の下で、サービス利用開始翌月までにデータ提出することとしても差し支えない。ただし、その場合は利用開始月は該当の加算は算定できないこととする。

資料 厚生労働省「ケアの質の向上に向けた科学的介護情報システム（LIFE）利活用の手引き（令和6年度介護報酬改定対応版）」p.5を一部改変

 Q255 アウトカム評価の充実のためのADL維持等加算

令和6年度の介護報酬改定での特定施設入居者生活介護、介護老人福祉施設におけるADL維持等加算の見直しにおいて、「ADL利得の計算方法の簡素化」とあるが、どこが簡素化されたのか？

A 調整係数が簡素化された。

　図3-3のようにまず、ADL利得の計算対象者は休んでいる期間を除き6か月以上サービスを利用している人が対象になりますので、振り分けを行います。そしてバーセルインデックスの評価項目にのっとり合計値を出します。そのうえで計算を行いますが、この時の調整係数が、今まで初回の要介護認定があった月から起算して12か月以内である者の場合や他の施設や事業所が提供するリハビリテーションを併用している利用者の場合でさらに調整係数が分け

られていましたが、令和6年度の介護報酬改定により**図3-3**のように簡素化されました。これにより計算が行いやすくなりました。

そして利得数の平均を施設全体で出したのちに、1未満の場合は算定できませんが、1以上3未満はADL維持等加算（Ⅰ）が算定でき、3以上ですとADL維持等加算（Ⅱ）が算定できることになります。なお、バーセルインデックスを使用したADL値の合計値を出す作業は、ある程度の要件をクリアした人しかできませんので気をつけてください※。

※ 厚生労働省「ケアの質の向上に向けた科学的介護情報システム（LIFE）利活用の手引き（令和6年度介護報酬改定対応版）」

図3-3 ADL利得の計算方法

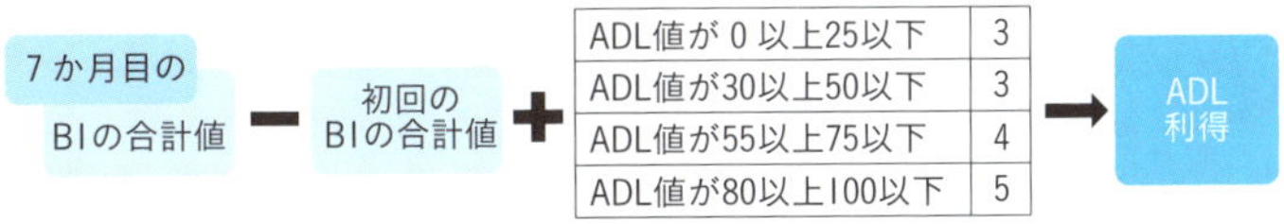

7か月目のBIの合計値 − 初回のBIの合計値	+	ADL値が0以上25以下	3	→ ADL利得
		ADL値が30以上50以下	3	
		ADL値が55以上75以下	4	
		ADL値が80以上100以下	5	

表3-1 ADL利得の計算時に加算する一覧

ADL値が0以上25以下	3
ADL値が30以上50以下	3
ADL値が55以上75以下	4
ADL値が80以上100以下	5

Q256 アウトカム評価の充実のための排せつ支援加算①
介護保険施設における排せつ支援加算（Ⅰ）、排せつ支援加算（Ⅱ）、排せつ支援加算（Ⅲ）は併せて算定できるか？

A 併せての算定はできない。

基本的に体制を評価する加算であり、**いずれかの加算を入所者全員に算定するもの**になります。そして排泄における評価を確認しながら算定要件の確認が必要になります。また、ケアプランとの連動も必要になるため、改善がなされたらケアプランにおいても確認、

見直しおよび交付が必要になります。

また、令和6年度の介護報酬改定により尿道カテーテルの抜去も評価の基準に加わりました。医師と看護師との情報共有による改善に向けたケアプランを作成することも重要になります。

Q257 アウトカム評価の充実のための排せつ支援加算② 💰

介護保険施設における排せつ支援加算の算定要件に「入所者等ごとに支援計画を見直し」とあるが、支援計画書はケアプランで代替できるか？

 代替できない。

基本的には「**排せつの状態に関するスクリーニング・支援計画書**」※に基づき支援計画書を作成することとなります。

ケアプランにはそのつど内容を変更するか、排泄状態に関する支援計画書参照等としたうえで、確認すればわかるように記載しておくとよいでしょう。

※ 指定居宅サービスに要する費用の額の算定に関する基準（短期入所サービス及び特定施設入居者生活介護に係る部分）及び指定施設サービス等に要する費用の額の算定に関する基準の制定に伴う実施上の留意事項について（平成12年老企第40号） 別紙様式6

Q258 アウトカム評価の充実のための褥瘡マネジメント加算 💰

介護保険施設における褥瘡マネジメント加算の算定要件に「医師、看護師、介護職員、管理栄養士、介護支援専門員その他の職種の者が共同して、褥瘡管理に関する褥瘡ケア計画を作成」とあるが、
計画書の参考様式はあるか？

 「**褥瘡対策に関するスクリーニング・ケア計画書**」※。

令和6年度の介護報酬改定により、入所時に褥瘡が発生していた場合にも評価されるようになりました。こうしたことも含め、多職

種の連携が求められることから、サービス担当者会議の重要性はさらに増したといえます。

また、LIFEの入力項目が他加算とある程度統一化されることから、利用者の状態変化がわかりやすくなると考えられるため、データをもとにケアプラン作成においても活用していきましょう。

※　指定居宅サービスに要する費用の額の算定に関する基準（短期入所サービス及び特定施設入居者生活介護に係る部分）及び指定施設サービス等に要する費用の額の算定に関する基準の制定に伴う実施上の留意事項について（平成12年老企第40号）　別紙様式5

スキル
面接力

スキル
質問力

スキル
分析力

ルール
運営基準

ルール
人員基準

ルール
算定基準

定　義

記　載

最適解

連　携

考え方

索引

あ
- ICT化 ▶141
- アセスメント ▶19, 24
- …の持ち物 ▶27
- アセスメントシート ▶95
- アセスメントツール ▶95
- アセスメント様式 ▶26
- アドバンス・ケア・プランニング ▶57, 59
- 意向の記載 ▶54
- 医療行為 ▶148
- 医療連携体制加算 ▶165
- …（Ⅰ） ▶186
- …（Ⅱ） ▶186
- インテーク ▶6
- インフォーマルサポート ▶35, 68
- 運営基準 ▶162
- 運営指導 ▶153
- 栄養ケア計画書 ▶58
- ACP ▶57, 59
- ADL維持等加算 ▶204
- ST ▶130
- OT ▶128
- オープンクエスチョン ▶23

か
- 外国人に対する研修プログラム ▶180
- 介護サービス情報公表システム ▶183
- 介護認定審査会の意見及びサービスの種類の指定 ▶31
- 介護報酬請求ソフト ▶144
- 介護保険負担限度額認定証 ▶18, 92
- 介護保険料の連帯納付義務 ▶154
- 介護老人福祉施設 ▶82
- 介護老人保健施設 ▶95
- 科学的介護推進体制加算 ▶202, 203
- かかりつけ医連携薬剤調整加算 ▶174, 198
- 確定ケアプラン ▶36
- 加算の算定の記載 ▶60
- 家族関係 ▶21
- 家族対応 ▶136
- 家族の意向 ▶50
- 課題整理総括表 ▶5, 25, 48, 49

- 課題分析 ▶24
- 課題分析標準項目 ▶13, 20, 26, 95
- 監査 ▶153
- 管理業務 ▶162
- 管理者の責務 ▶181
- 機能訓練計画書 ▶58
- 虐待への対応 ▶152
- 業務継続計画 ▶168
- 業務継続計画未策定減算 ▶169
- 業務範囲 ▶141
- 協力医療機関連携加算 ▶188
- 居宅療養管理指導 ▶50, 66, 129
- 記録業務 ▶121
- 記録の保存 ▶124
- 緊急時等の対応方法 ▶167
- 緊急時訪問看護加算 ▶199
- 緊急連絡先 ▶32
- 区分変更申請 ▶155
- グループホーム ▶106
- クローズドクエスチョン ▶23
- ケアプラン ▶31
- …の軽微変更 ▶44
- …の原案 ▶36
- …の作成日 ▶38, 39
- …の説明・同意の日付 ▶40
- ケアプラン管理表 ▶57
- ケアマネジメントプロセス ▶4
- 計画作成担当者 ▶3
- 計画担当介護支援専門員 ▶3
- 言語聴覚士 ▶130
- 顕在ニーズ ▶26
- 高額医療合算介護サービス費 ▶132
- 高額介護サービス費 ▶132
- 口腔衛生管理 ▶196, 197
- 口腔衛生管理加算 ▶197
- 高齢者虐待防止措置未実施減算 ▶170
- 高齢者施設等感染対策向上加算（Ⅰ） ▶167
- 高齢者施設等感染対策向上加算（Ⅱ） ▶168
- 国民健康保険団体連合会（国保連） ▶116

208

個人情報 ▶ 11, 147
個人情報使用同意書 ▶ 11
個別性 ▶ 82

さ サービス担当者会議 ▶ 64
…の参加者 ▶ 64, 68
…の要点 ▶ 69
…への医師の参加 ▶ 66, 74, 89
サービス付き高齢者向け住宅（サ
　高住） ▶ 100
サービス内容の記載 ▶ 46, 53
再アセスメント ▶ 28, 78
在宅復帰・在宅療養支援 ▶ 172, 173
再入所時栄養連携加算 ▶ 197
作業療法士 ▶ 128
暫定プラン ▶ 61
支援経過 ▶ 122
支援経過記録 ▶ 123
支援相談員 ▶ 142
施設ケアマネ ▶ 2, 83, 142
施設サービス計画書 ▶ 31, 62
…第1表 ▶ 31, 32, 43, 54
…第2表 ▶ 32
…第5表 ▶ 69
施設内研修 ▶ 52
施設入所者のその人らしい生活
　　　　　　　　　　　　　　▶ 51
事前情報 ▶ 19
質問方法 ▶ 22
社会福祉法人等による利用者負担
　額軽減制度 ▶ 130, 133
住所地特例 ▶ 120, 150
主治医意見書 ▶ 12, 91, 131
障害者手帳 ▶ 134
小規模介護老人福祉施設 ▶ 182
情報共有 ▶ 45, 91
情報収集 ▶ 20, 24
初回訪問 ▶ 6
初期加算（Ⅰ）▶ 190
食事形態の変更 ▶ 56
褥瘡ケア計画書 ▶ 58
褥瘡マネジメント加算 ▶ 58, 206
所定疾患施設療養費 ▶ 187, 188
…（Ⅰ）▶ 166

署名 ▶ 37, 39, 41, 137
書類作成業務 ▶ 112
自立支援促進加算 ▶ 198
新興感染症等施設療養費 ▶ 194
身体障害者手帳 ▶ 134
身体的拘束 ▶ 84
スケーリングクエスチョン ▶ 23
生活相談員 ▶ 142
生活保護 ▶ 131
生産性向上 ▶ 141
生産性向上ガイドライン ▶ 175
生産性向上推進体制加算（Ⅰ）
　　　　　　　　　　　　　　▶ 175
生産性向上推進体制加算（Ⅱ）
　　　　　　　　　　　　　　▶ 175
精神障害者保健福祉手帳 ▶ 134
セルフケア ▶ 48, 106
潜在ニーズ ▶ 26
総合医学管理加算 ▶ 184

た ターミナルケア ▶ 88
ターミナルケア加算 ▶ 192
退院時共同指導 ▶ 199
退院時点のケアプラン ▶ 62
退所時栄養情報連携加算 ▶ 172
退所時情報提供加算 ▶ 189, 190
多職種連携の報酬 ▶ 184
短期集中リハビリテーション実施
　加算 ▶ 201
短期入所のケアプラン ▶ 61
短期目標 ▶ 32, 43
地域密着型サービス ▶ 149
チームケア ▶ 126
長期目標 ▶ 32, 43
適切なケアマネジメント手法
　　　　　　　　　　　　　　▶ 5, 30
テレワーク ▶ 174, 180
特定施設 ▶ 100
特定入所者介護サービス費
　　　　　　　　　　　　　　▶ 92, 131
特別通院送迎加算 ▶ 166
特別養護老人ホーム ▶ 82
特例特定入所者介護サービス費
　　　　　　　　　　　　　　▶ 132

な ニーズの抽出方法 ▶ 29
ニーズの優先順位 ▶ 47
入院時情報提供書 ▶ 112
入居継続支援加算 ▶ 164
入所日のケアプラン ▶ 61
入浴の位置づけ ▶ 56
認知症対応型共同生活介護 ▶ 106
認知症短期集中リハビリテーショ
ン実施加算 ▶ 195
認知症チームケア推進加算 ▶ 171
認知症のある利用者の意向 ▶ 25, 54
認知症のある利用者の権利擁護
▶ 138
認知症のある利用者のサービス担
当者会議への参加 ▶ 72
認知症のある利用者のセルフケア
▶ 106
認知症のある利用者のニーズ
▶ 28, 55
認定調査 ▶ 12
認定の有効期間 ▶ 34
認定前のケアプラン作成 ▶ 43

は 排せつ支援加算 ▶ 205, 206
配置医師緊急時対応加算 ▶ 187
ハラスメントへの対応 ▶ 147
BCP ▶ 168
PT ▶ 128
PDCAサイクル ▶ 5
避難訓練 ▶ 148
福祉用具 ▶ 104, 143, 153
訪問看護 ▶ 47, 110
訪問看護指示書 ▶ 115
ボランティア ▶ 36
本人の意向 ▶ 136
本プラン ▶ 61

ま マイナンバー ▶ 114
看取り期にある人のケアプラン
▶ 57
看取りケアのケアプラン ▶ 59
看取りへの対応 ▶ 156, 193
身寄りのない人の入所受け入れ
▶ 85

民生委員 ▶ 36
目標の期間 ▶ 32, 43
モニタリング ▶ 76, 78
…の頻度 ▶ 79
モニタリング記録 ▶ 123

や 夜間看護体制加算（Ⅰ）
▶ 162, 163, 185
夜間支援体制加算 ▶ 179
有料老人ホーム ▶ 100
要介護認定の不服申し立て ▶ 154

ら LIFE関連の報酬 ▶ 201
理学療法士 ▶ 128
リハビリテーション・機能訓練、
口腔、栄養の一体的取組 ▶ 195
療育手帳 ▶ 134
利用者と家族の意向の相違 ▶ 46
利用者の意向 ▶ 23
利用者本位 ▶ 46, 52
倫理綱領 ▶ 3

監修・編集・執筆者紹介

監修

一般社団法人神奈川県介護支援専門員協会※

編集

諏訪部弘之 医療法人社団湘風会　フィオーレ久里浜居宅介護支援室

青地　千晴 そらいろケアプラン　管理者

佐藤　　明 社会福祉法人泉正会　地域包括支援センター泉正園

執筆者（五十音順）

石田　貢一 合同会社きらく ホームケアcocoro

石塚　淳史 社会福祉法人若竹大寿会　介護老人福祉施設 わかたけ鶴見

井上　敦士 社会福祉法人上村鴇生会　居宅介護支援センター 鴇生園

尾関　　淳 株式会社オフィスイーケア
主任介護支援専門員・介護事業コンサルタント

楠元　睦巳 株式会社オフィスイーケア　代表取締役

小松　瑞恵 SOMPOケア　ラヴィーレ小田原

塩原　理人 社会福祉法人若竹大寿会　介護老人福祉施設 わかたけ都筑

杉原みどり アベニールカルドケアプランセンター　管理者

諏訪部弘之 同上

※一般社団法人神奈川県介護支援専門員協会は、2002年4月、介護支援専門員団体として全国ではじめてNPO法人格を取得。2017年には一般社団法人となり、介護支援専門員に関する調査研究の結果をふまえ、各種研修プログラムやケアマネジメント様式を開発、介護支援専門員を支えるさまざまな活動を活発に行っている。また、各地域の介護支援専門員連絡組織の連携を支援している。介護支援専門員の資格があれば入会可能。
会員数：1157名（2025年2月1日現在）
事務局：〒231-0023　横浜市中区山下町23番地　日土地山下町ビル9階
　　　　TEL：045-671-0284 ／ FAX：045-671-0287
　　　　URL：https://www.care-manager.or.jp/

施設ケアマネ実務Q&A
ケアマネジメントプロセス・施設別の知識・チームケア

2025年3月20日　発行

監　修　一般社団法人神奈川県介護支援専門員協会
発行者　荘村明彦
発行所　中央法規出版株式会社
〒110-0016
東京都台東区台東3-29-1　中央法規ビル
TEL 03-6387-3196
https://www.chuohoki.co.jp/

印刷・製本：長野印刷商工株式会社
ブックデザイン・イラスト：mg-okada

ISBN978-4-8243-0185-7

定価はカバーに表示してあります。
落丁本・乱丁本はお取り替えいたします。
本書のコピー、スキャン、デジタル化等の無断複製は、著作権法上での例外を除き禁じられています。
また、本書を代行業者等の第三者に依頼してコピー、スキャン、デジタル化することは、たとえ個人や家庭内での利用であっても著作権法違反です。
本書の内容に関するご質問については、下記URLから「お問い合わせフォーム」にご入力いただきますようお願いいたします。
https://www.chuohoki.co.jp/contact/

A185